僕の、生きる道

舞踊家
花園直道

FOR

花

目次

第一章 中学校をドロップアウト

第二章

健康ランドで踊る青春

第三章

爆発！　花園直道・魂の叫び

第四章

未来へと真直ぐ歩む一本道

〈撮影〉
大森博介
上條延彦
平賀正明
毛利充裕
菅井葉月
伊藤祐介
〈撮影協力〉
目黒雅叙園

第一章

中学校をドロップアウト

日本舞踊とエンターテインメントの究極の融合をめざして

「邪派新姿《ジャパニーズ》」

これは僕がつくった、日本舞踊とさまざまなジャンルを融合させた新感覚の「和」のエンターテインメントのキャッチフレーズです。

この「邪派新姿」の旗を振りながら、自分の踊りの世界を極めたいと日々奮闘しています。

二〇一四年には「ラスベガスＡＫＩＭＡＴＳＵＲＩ」（伝統芸能や食をはじめ、日本の文化を紹介するイベント）のゲストに招いていただき、野外のステージで舞い、歌い、津軽三味線を奏で、ステージを精一杯努めました。

またロサンゼルスでは「アームストロングシアター」「日米アラタニシアター」で二年連続の単独公演も行うことができました。

「アームストロングシアター」では日本舞踊が中心でしたが、マイケル・ジャクソンなど洋楽やポップスでも踊り、本場のアメリカで受け入れてもらえるか少し不安もありましたが、評価は上々で、大いに喝采をいただくことができました。

アンコールの幕が開いたとき、着物を肩から掛けたまま僕は、後ろ姿で立っていました。そしてゆっくりと正面を向き、着物をあわせて帯を締め、袴《はかま》をはき、黒紋付の衣装を整えるところをすべてお見せし、その後、厳粛に踊りはじめました。

アンコールを終えて上《かみ》・下《しも》、中央と三方礼をし、ゆっくりと中央の壇に上り、最後は日本ならではの正座でのお辞儀をしたのです。その瞬間、スタンディングオーベーションが起きはじめ、拍手が鳴りやまないといううれしい経験をしました。

お客さまが僕の踊りを通して「日本の美しさ」を知り、そのことに拍手を送ってくださったのだと、胸が熱くなったことが、昨日のように思い出されます。

花園直道

僕はいま、日本舞踊を中心としたパフォーマンスを舞台やテレビでお見せしています。

最近ではミュージカルのオファーも増えています。

また金髪に派手な衣装をつけ、三味線を立ち弾きしながら「じょんからロック」という曲を歌うロック風の姿もあります。

僕はいつも「どうすれば時代に合わせた新しい感覚のエンターテインメントと、伝統と精神性を大事にしながら今に応じた日本舞踊の形をとけ込ませていかれるか」を追求することに生きがいを感じています。

僕には日本人らしい、日本人でなければできない、すべてメイドインジャパンの舞台、それも誰が見ても楽しい舞台をつくりあげたいという思いがあります。

頭の中にはこれから挑戦していきたいことが山のようにあるのですが、この分野は新しく、まだまだスタートに立ったばかりで難しいこともたくさんあります。試行錯誤、厳しい稽古のくり返しですが、やりがいのある充実した毎日です。

しかし、ここまで来るのも決して楽とは言えない道のりでした。

僕は中学校不登校児だった

僕には長い間、人には言いたくなかった、いえ、言えなかったことがあります。

今ここで、お話することで、昔の僕と同じような日々を送っている人に、少しでも勇気を与えることができればと思い、ペンを取らせていただきました。

不登校児……実は僕は、中学に登校できませんでした。当時、一〇代だった僕は学校に行かれなくなってしまったことにとても苦しんでいました。

世の中には、かつての僕のように苦しんでいる一〇代の方がたくさんいると思います。一〇代だけではありません。会社に行かれなくなって悩んでいる人も多いと聞きます。

今回、このような本を書く機会をいただいて、今、落ち込んでいる方、元気をなくしている方に、ぜひ僕の話を聞いていただきたいと思いました。

周りのみんなと同じような道を歩けない。どうして自分だけこんなに道をはずれてしまったんだろう……そう感じることが、きっとあると思います。

でも、今は苦しくても、必ず未来はあります。そこで終わりではないんです。ただ、明日に続く道がまだ見えていないだけ。見えないときはもがき苦しむけれど、きっとその先には未来に続く真直ぐな道があります。

僕がどんなふうにここまで歩いてくることができたか。まずはさかのぼって子供の頃のことからお話してみたいと思います。

誰ひとり見守る人もなく僕は生まれた

「お母さん、がんばって！　もう少しですよ！」

苦しむ妻を励ます夫、心配そうに病院の廊下をウロウロと歩く両親……そこに響き渡る赤ちゃんの声。

「おぎゃあ、おぎゃあ！」

「おめでとうございます。男の子ですよ！」

手を取り合う両親。涙を浮かべながら赤ちゃんを抱っこする母親と、父親になったばかりの夫……テレビドラマでよく見る幸せな出産シーンです。

しかし時には、誰ひとり見守る人もなく、ひっそりと生まれる子もいます。

一九八八年八月一九日一三時三〇分。三二八〇グラムの元気な男の子がこの世に誕生しました。でもその子が生まれることを望んだのは母親ひとり。病院にお祝いにかけつけてくれる人は誰もいない。

その男の子には「高山賢人《たかやまけんと》」という名前がつけられた。ある人がその名前の画数を見て、「この子は孤独になってしまう」と占ったらしいが、母親はそんなことは笑い飛ばしたという。

もちろん、僕自身にはそんな記憶はありませんが、心の奥底にある一番古い風景は、歩行器の中に入れられて一人でいた姿。

爪先で軽くカーペットを蹴ると、スーッと体が移動し、目の前にはベージュとブラウンのまだら模様のソファ。その横にはテレビ。窓から陽が差し込んで、外から車の音が聞こえてくる……。

はっきり映像として覚えているのですが、歩行器に入っているということは一歳くらいでしょう。

この家にいたのは母と僕の二人だけで、家の中に父の姿の記憶はなく、その上二歳になるまで祖父母にも会ったことがありません。母は自分の両親にさえ隠して僕を産んだのです。祖父母は商売で成功した人で、娘が未婚で子供を産

母と二人で住んでいた家で歩行器の中の僕

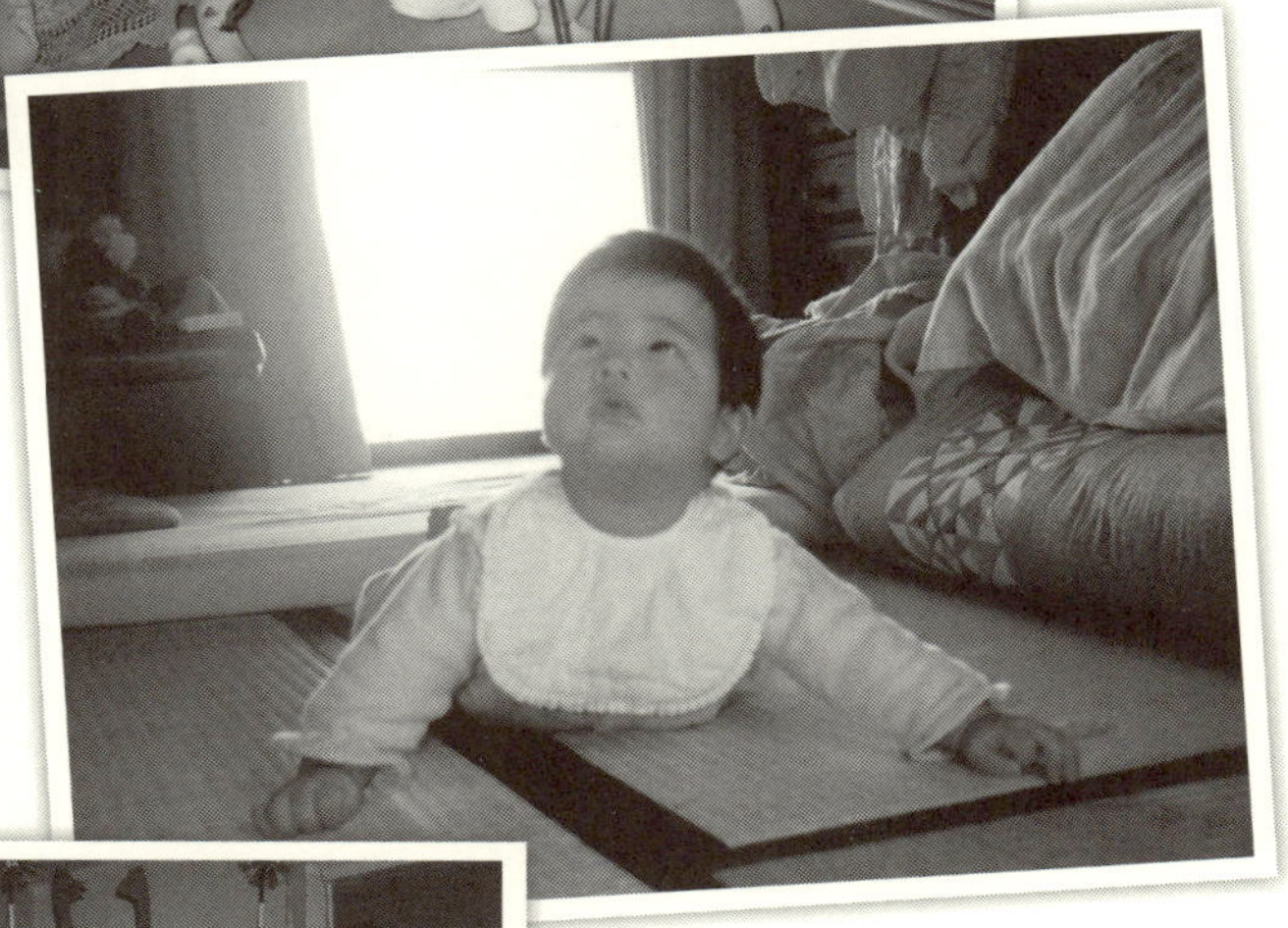

初節句。兜の前で

むなんて、とても許してもらえないと母は思ったのでしょう。
母はいわゆるシングルマザー。女手ひとつで育ててくれたのです。

引っ込み思案だった幼稚園時代

母は最初、カラオケスナックをやりながら僕を育ててくれました。寝る間も惜しんで働いていましたが、僕のお弁当だけは毎日欠かさず作って、幼稚園の送り迎えもしてくれました。

父とはいっしょに暮らしていませんでしたが、たまにやってきて、サッカーをして遊んでくれた記憶があります。たまにしか父と会えないことを、その頃は不思議に思っていませんでした。父には別に家庭があったことは、大きくなってから知りました。

子供の頃、寂しいと思ったことはありません。僕にとっては最初からそれが当たり前。ただ、友達の家に遊びに行くとお父さんがいるので「なんで僕のお父さんは家にいないのかな」とぼんやり思っていましたが、何となく、「うちも普通だったらよかったのに」と考えたことはあります。

母によれば、幼稚園に入ったばかりの頃の僕は、かなりワンパクだったそうで、その頃流行っていたヒーローの格好をして、みんなの前でパフォーマンスをするのも好きだったとか。みんなより体が大きかったし、きっと目立っていたのでしょう。

当時の僕は、まだ自分の生まれ育ちを意識することもなく、元気いっぱいのワンパク坊主だったのだと思います。

けれども年長にあがる頃から、だんだん引っ込み思案になってきたのは子供心にも感じていました。きっかけはわかりません。

母にバリカンで丸刈りにされた坊主頭を、友達にからかわれたのはよく覚えています。当時、母一人子一人の生活はやはり苦しく、そしてとても忙しかったので、母としては「めんどうのない丸坊主にしてしまえ!」ということだったようです。

でも、僕が通っていた幼稚園はお坊ちゃま、お嬢ちゃまの多い幼稚園だったので、丸坊主は異色だったのでしょう。「坊主だ、坊主だ」「マルコメくん」とからかわれました。それまでは自分が友達をからかうような強い立場だったのに、初めて自分のほうがみんなにワイワイ冷やかされて、子供だった僕はかなり衝撃を受けました。

ちょうど、うちには父がいない、〝他の子たちと違う〟と気づき始めた頃でしたが、それを母に言うことはできませんでした。でもそのことでいじめられた記憶はありませんが、幼い僕は無意識に、自分の境遇の何かを感じ始めていたのかもしれません。

大人になって聞いたことですが、当時の母は、再婚の話もすべて断り、息子に命を賭ける決意をしていたそうです。

「〝かわいそうな子〟にしてはならない。また、そう思ってはいけない」

母は必死に自分に言い聞かせ、頑張っていたのです。

自分の決断で、たったひとりで産んだ息子。

幼稚園の庭で

幼稚園の学芸会

小学校5年生。右端
一番大きいのが僕

「父親がいないから、子供があんなふうに育った」

「やっぱり母親だけではダメなんだ」

そう言われたくない、という思いがあったのでしょう。時には人一倍厳しい母親でした。僕が常識をわきまえないような行動をしたときには、ビンタが飛んでくることもしばしばありました。

今なら母のその思いが理解できますが、幼かった僕には、まだそんな母の複雑な胸の内は知るよしもありませんでした。

いつもは優しい母なのに、突然、厳しく叱られる。何がいけなかったのかもよくわからず、いったい、いつ母が恐くなるのかとビクビクして、萎縮してしまった部分もあったように思います。

そんなことからなのか、僕はどんどん人見知りで内向的な子になっていきました。外に出かけてもみんなに顔を見られないようにうつ向いて歩き、母と一緒に買い物に行っても、お店の人としゃべることもできないような子になっていったのです。

小学校時代、僕には熱中するものがなかった

　どのようにして僕のことが母の両親に受け入れられたのかわかりませんが、祖父母と母の仲はいつしか回復し、僕はたびたび祖父母に預けられるようになりました。小学校に入学する直前、僕たちは引っ越して、いっしょに住むことになりました。

　小学校に入学したときは、知らない子ばかりの学校に行くのがとても嫌でした。母によれば、僕は最初の数日、登校することをかなり抵抗していたそうです。その頃から学校にすんなり溶け込めない部分があったのだと思います。けれども母に無理やり学校に押し込まれる毎日を繰り返すうちに、だんだん友達もできて、なんとか新しい環境に慣れていきました。

　学校から帰ると、空き地で友達と隠れんぼをしたり、キャッチボールをしたり。自転車で家から少し遠くのおもちゃ屋さんに行ったこともありました。

そこで友達のお父さんに「遊戯王」のトレーディングカードを買ってもらって、とてもうれしかったのを覚えています。プロ野球を観に初めて連れていってもらったのも楽しい思い出です。大人の男の人と出かけるのがうれしかったのかもしれません。

ただ、相変わらず自分から人の輪に入っていくのは苦手で、クラス替えをするたびに憂鬱になるのです。ようやく友達もできて慣れたと思ったら、また一から始めなければならない。それがとても嫌でした。

それでも小学校時代はなんとか頑張ったと思います。友達もたくさんいたほうでしたが、男子ばかりで、女子との接点はほとんどなし。女の子としゃべった記憶があまりありません。

小学校も高学年になったら少しは女の子を意識するのですが、実はその頃から僕は太り始め、食欲旺盛、ご飯を何杯もおかわりして、何を食べても美味しくてどんどん体重は増えていきました。

当然、まったくモテません。バレンタインデーのチョコだって、一個ももらったことがありません。でも僕自身は女の子には関心がなかったし、気にもしていませんでした（負けおしみかな……）。

母のほうは、引っ込み思案な僕をとても心配していたようです。母が、僕の勉強机の脇に貼り付けた言葉は「努力・根性・忍耐・思いやり」。

父親がいないことを誰より強く意識していたのはきっと母だったのでしょう。僕を〝男らしい〟男の子に育てようと力が入っていたのだと思います。

ところが僕は、そんな母の期待に添わない、おとなしくてうじうじした、消極的な子。母は僕に何かひとつでも得意なことを身につけさせようと、塾に通わせたり、サッカーや柔道を習わせようとしました。

でも、塾の教室に初めて入って行ったとき、みんなが一斉にこっちを向いた瞬間、僕は下を向き顔をあげられなかった。だから塾に入るのなんていやでした。スポーツは嫌いではなかったけど、新しいところに入っていくのはやっぱり苦手。母が僕に勧めることはどれも長続きせず、母の期待の〝男らしい〟とはいかず、おとなしくて、消極的な子でした。

勉強は、理数系は苦手なものの、国語や社会は得意。特に歴史は好きでしたが、すごく勉強が好きだったわけではありません。小学校六年生になると、周りは中学受験を目指す友達が多くなってきましたが、僕は受験をしたいとは思いませんでした。

勉強が苦手でも、「自分はこれだ」というものを持っている子もいます。たとえば友達にはプロのサッカー選手を目指している子もいました。

みんなそれぞれの目標を持っている。

「あの子は医者の息子だから、お医者さんになるんだろうな」

「あの子のお父さんは芸能人だから、やっぱりそうなるのかな」

友達の未来は見えている。でも僕には何もない。

目標があって、好きなことを一生懸命やっている友達がまぶしく見えて、じゃあ自分はどうすればいいんだろう、僕は何をすればいいんだろうという漠然とした不安を抱えていました。

大衆演劇との出会い

祖母は小さな僕の手をひいて、いろいろなところに連れていってくれました。今でもよく覚えているのは、小学校二年生のときに連れていってもらった大衆演劇です。東京の十条にある篠原演芸場。梅沢富美男さんが活躍されていた劇場です。

みなさんは大衆演劇をご覧になったことがあるでしょうか？　大衆演劇は、時代劇のお芝居が中心で舞踊や歌謡ショーなどもやっています。篠原演芸場のような大衆演劇専用の劇場もありますが、劇団で全国を旅しながら各地の健康ランドやホテル、旅館などで公演をするのです。

祖母は大衆演劇がとても好きで、そのときも楽しそうに観ていました。けれど僕は、目の前で繰り広げられる立ち回りにびっくり仰天！　何しろ大人の男の人たちが大声をあげて刀を振り回しているのですから。

幼稚園の頃に見たアンパンマンショーでさえビビってしまった僕なので、目の前で起こっている異様な光景が怖くてたまりません。

ちょうど僕の席の前あたりに、劇団員が寝泊まりに使う布団が積んであったのですが、その陰に隠れて恐る恐るのぞいていたのを覚えています。

それ以来、大好きな祖母に誘われても大衆演劇には絶対に行きませんでした。

その祖母もそして祖父も、僕が小学校三〜四年生の頃に相次いで亡くなってしまいました。

それからしばらくたって小学校五年生のときのことです。母と叔母と一緒に出かけた先でたまたま演芸場の前を通りかかり、入ってみようということになりました。僕はもちろん乗り気ではなかったけど、しかたありません。ところが、ここで不思議なことが起こったのです。

舞台の上で立ち回る役者さんたちのキレの良い身のこなしに、華麗な扇子さばき。三年前はただ怖いだけだったその光景に、「カッコいい！」と目を奪わ

たつみ演劇BOXの小泉ダイヤさんと

祖母と浅草に
大衆演劇を観
に行ったとき

れたのです。特に強烈な衝撃を受けたのは、男踊り。そのとき頭に浮かんだのは、

「こんなふうに踊れるようになるにはどうしたらいいんだろう」

という思いでした。

すぐに母にねだって扇子を買ってもらいました。舞台上で役者さんがクルクルとカッコよく扇子を回していたのをまねしたい！

見よう見まねでやっていると、若い頃に日本舞踊を習ったことのある母が〝要返《かなめがえ》し〟という技を教えてくれました。

「うわ！　カッコいい！」このしなやかな扇子さばきを見て胸がときめきました。

僕は夢中になって、学校から帰るとすぐに扇子を持って、クルクルクルクル、何度も練習しました。

ついに扇子を回せるようになった!!　飛び上がるくらいうれしかったことを覚えています。それまで何をやっても続かなかった僕です。あれは僕の人生で

初めて感じた〝達成感〟だったと思います。

人生って、小さなきっかけからどんな方向に転がるか、本当にわからないものです。それからほどなくして、次の扉が開いたのです。

日本舞踊の稽古が始まった！「男のくせに日舞なんて」

母は若い頃、演歌歌手でした。三歳から一八歳で歌手デビューするまで、日本舞踊を習い踊っていました。その後ずっとやめていたのですが、僕が小学校六年生の頃、久しぶりに日本舞踊の稽古を再開しました。

演芸場で「カッコいい！」と目が釘づけになった、扇子を使った踊りです。僕は喜び勇んで母の稽古についていきました。

当時の僕は中学受験もいや、柔道もいや、サッカーもいや、あれもいや、これもいや。母は「いったい何をしたいの」「この子は将来どうなってしまうの」と心配でたまらず、躍起になっていました。

そこへ僕が「日舞をやりたい」と言い始めたのですから、びっくり。でもそのときは、他に何もすることがないから口から出まかせで「日舞」なんて言ったのだと思ったそうです。

しかも、「男の子らしく」育てたいと思っている息子が、よりにもよって日舞。これ以上なよなよしてしまったらどうなってしまうのかと思ったそうです。

そんな母のとまどいをよそに、稽古を始めた僕は、あっという間に日舞の虜《とりこ》になり、稽古にのめりこんでいきました。

師匠からときどき褒めていただけることもうれしかった。子供が一生懸命踊っているから、周りの大人は「上手、上手」と褒めてくれただけだったのかもしれませんが、褒められるという体験があまりなかった僕にとって、日舞の場では褒めてもらえるのがとてもうれしく、大きなことだったのです。「踊りならイケるかもしれない」という、ささやかな自信のようなものが生まれました。

でも、日舞の稽古をしていることは、小学校の友達には言えなかったし、誰にも知られたくなかった。「男のくせに日舞なんて」と思われたくなかったのです。多分母の気持ちを感じ取っていたのだと思います。

いい中学校を受験したり、サッカーの選手を目指すほうがキラキラした目標に見える中、日舞なんて、誰もやっていないので恥ずかしかった。友達の輪の中にうまく入れない、なじめない、あのいやな気持ちでした。

しかしその一方で、友達の誰もやっていない日舞だからこそ、惹かれたのかもしれないとも思うのです。

中学校に登校できず、死にたいと思い詰めた毎日

一二歳。僕にとって、人生の大きな試練が訪れました。

小学校で仲の良かった友達のほとんどは私立中学を受験して、それぞれの道

に進んでいきましたが、僕は公立中学校に入学。けれども二～三回行っただけで、登校できなくなってしまいました。

ここから、あの長い泥沼が始まったのです。

新しい環境、新しい人間関係に入っていくことは小さい頃から苦手でしたが、中学で明らかに今までと違う環境になったことは、僕にとって大きなハードルでした。

でも、いじめられたわけではありません。何かいやなことがあったわけでもありません。今考えても、特にこれという原因は思い当たらないのです。

ただ、学校に行きたくない。それだけでした。最初は保健室登校。そのうちに、保健室にさえ行かれなくなってしまいました。

朝、起きても何もしたくない。本当に何もしたくないんです。でも、母には言えないし母には知られたくありません。学校に出かけるフリをして、学校の前にあった大きな病院にフラフラと入っていき、ロビーの待合室のイスにボーッと座ってうつむいて、床ばかり見ていました。

何も考えられない。頭も体もストップしてしまったようで、手も足も動きません。動くのがとてもおっくうでした。

学校の制服を着ていたので、病院から学校に連絡があったのでしょう。担任の先生が病院にやってきて、僕を学校に連れていこうとします。僕は頑なに抵抗し、学校に行くことはしませんでした。

もちろん母にもすぐに学校から連絡があったでしょう。母に何と叱られるんだろう……。ところが、家に帰っても母は何も言わずいつもの明るいままでした。僕のほうも何も言えませんでした。

学校に行かれないまま一カ月が過ぎた頃、恐れていた瞬間がやってきました。

「どうして学校がいやなの？」

と初めて母に聞かれたのです。

でもそんなこと僕にだってわかりません。上手に説明できません。ただ行きたくないんです。

学校に行かなくてはいけないことは、頭ではわかっている。行かなくちゃ。

でも戻れない。今さら行かれない。起きたくない。いつまでも寝ていたい。死にたい。僕はこの先どうなるんだろう……。

頭の中ではそんな思いがグルグルと堂々巡り。どうしても開けることのできない重い鉄の扉を前に、金縛りにあってしまったような感じを抱き、僕の未来は真っ暗でした。

「これはもう終わったな」

そんな気持ちでした。兄弟もいない。父親もいない。祖父母もいない。友達もいない。僕には頼れる人がいない。未来もない……全てを失ったように感じて、死ぬことばかり考えるようになりました。

今思えば、現実逃避。僕は新しい環境から逃げ、学校から逃げ、どうにもならないその状況からも逃げたかったのです。中学校に通っていないことがどういうことなのか、一三歳なりに理解はしていました。

「僕は負けたんだ」

と感じていました。恥ずかしかった。みんなが当たり前にできていることさえ、できない。学校に行けないなんて……自分が逃げていることを感じて、そんな自分が恥ずかしかったのです。

精神科でカウンセリングを受ける

小学校時代の友達がどこで聞きつけたのか「なんでお前、学校に行ってないんだよ」と電話をくれたこともありましたが、それにも応えず、連絡を一切断ちました。

親戚にも知られたくなかった。たまに親戚の集まりがあると、「賢人くんは最近、学校はどう?」というお決まりの話題になると、僕も隠したかったし、きっと母も隠したかったのでしょう。打ち合わせたわけでもないのに、二人でなんとなく口裏を合わせてごまかしていましたが、心の中では「早くこの話題が終わればいいのに」と思ったことは何度もありました。

あの頃の僕は気分の浮き沈みが激しく不安定でした。うつ病も疑われ、母と二人で精神科のクリニックに行ったこともあります。

カウンセリングを受けても、言われることはどこも同じ。母親に問題がある、母親の育て方が悪いというのです。

「お母さん、どういう育て方をしたの？」

「普通に育てました」

「普通じゃないからこうなってるんでしょ。まずお母さんとお子さんがおかしいってことを認めましょう」

学校に行かれない自分はおかしいと思いながら、人に「おかしい」と言われたらムカつきました。カウンセリングになんて行ったって、何もならない。何も解決しないと思って、カウンセリングに行くのもやめました。

ずいぶん後になってから知ったことですが、母は学校からも何度も呼び出され、担任の先生や校長先生に家庭のことを聞かれたり、〝親の監督ぶり〟を責められていたそうです。

義務教育なんだから、子供を学校に行かせるのが親の義務。先生のおっしゃることはもっともなので最初は素直に聞いていた母も、あまりに自分たち母子をダメ人間のように言われると、つい反抗してしまったと言います。

「でも、先生。息子は日本舞踊のお稽古には一生懸命通えているんです。確かに登校はできていませんが、あの子なりに努力をしていることは認めてやって下さい」

そうなんです。学校には行かれない僕が、日本舞踊のお稽古には休まずに通っていたのです。

するど先生に、

「お母さん、その『でも』がいけない。ダメなお子さんの親御さんはたいていそう言うんです。お母さんがそんなだから、お子さんが学校に行かなくなってしまうんでしょう。今はご家庭での教育の話ではありません。ここに来られないことに関してのお話なんです」

と厳しくとがめられたとか。

そのうちに母は、不登校の子供を持つ親の会のようなものに入れられたそうです。親の考え方を教育するためのもので、カウンセリングなどもあったそうです。

そんなことがあったなんて僕は知りませんでした。だって母は僕を一切責めなかったのです。それでも、何もかも嫌になった僕が「死にたい」と言ったとき、

「一緒に死のうか」

と母が言ったことをはっきりと覚えています。

けれど、その言葉は「絶望」ではなかったような気がします。母は、どこかあっけらかんとしていました。

真っ暗な闇の中にいた僕にスポットライトが当たった

そんな頃、僕はいきなり舞台に出ることになりました。大田区で開かれたカラオケ大会のイベントです。日舞を習いはじめてまだ半年くらいのことでした。母は一時期、東京でカラオケ教室を開いていたことがあり、その教室の生徒さんに「賢人くん、イベントの舞台で踊ってみれば？」と誘われたのです。

古典の世界は厳しく、師匠によっては古典以外で舞台に立つことは許されません。けれど師匠の許可を得ることができ、僕は演歌をバックに、必死に踊りました。これが僕の初舞台だったのです

すると、自分では予想もしていなかった思いがけないことが……終わった瞬間、拍手がわきおこったのです。

客席から大勢の方たちが、僕に向かって、僕の踊りに拍手を送ってくれてい

る。驚きでした。この気持ちの良さに胸が高鳴りました。

学校に行けず、真っ暗な闇の中で苦しんでいた僕に、明るく輝くスポットライトが当たったのです。

拍手の中にいる僕は、「負けた」「逃げた」みじめな僕ではありませんでした。大げさですが、そのとき、一筋の生きる望みをつかんだような気がしました。

当時、母は、

「学校なんて、行きたくないなら行かなくてもいいんじゃない?」

と言っていました。普通の母親だったら、何とかして学校に行かせようとするのではないでしょうか。うちの母はその点、変わっているのかもしれません。

ある日突然、

「何か一つ、身につけなければ生きていけないよ。今ここであなたが生涯生きていける道を探しなさい」

と真顔で言いだしたのです。その言葉は僕の心に重くのしかかりました。

12歳で初舞台

「生きていく道」と考えたとき、僕の頭に浮かんだのは日本舞踊でした。これを真剣にやってみよう。いや、僕にはこれしかない。

まだまだ「仕事」「職業」「生きていく道」なんて何もわかっていない一〇代でしたが、それでも、何かひとつ、すがるものが欲しかったのです。学校に行っていない後ろめたさや、ひとりぼっちの寂しさから逃れたいという気持ちもあったのでしょう。

本気で日本舞踊をやろう。そう思ったとき、僕は一緒に稽古に通っていた母に「お母さんは稽古をやめてほしい」と頼みました。母と一緒に稽古に行くのはいやだった。男子特有の感覚とでも言うのでしょうか、母がいつもくっついているなんて恥ずかしい。母にいろいろ言われると「うるさい」とケンカになってしまう。反抗期だったのでしょう。

母の稽古に付いて行ったことから始まった日舞ですが、決して母にやらされたことではありません。初めて自分の意志で選んだ道。その道をひとりで歩んで、自分の世界を形作りたいという気持ちが芽生えたのです。

母は僕の気持ちを受け止めてくれて稽古をやめました。それからは、自分ひとりで週二回の稽古に欠かさず通いました。

僕に日本舞踊があってよかった。今考えると中学生の僕の孤独な戦いに涙が出そうになります。

第二章

健康ランドで踊る青春

支援教室と稽古事に通う毎日

中学一年生の夏休みが終わった頃、僕は学校から紹介された適応指導教室に通うようになりました。いじめにあって学校に通うことができなくなってしまった子や、発達に問題を抱えている子などの支援教室です。

そこにさえ通えない子も多いのですが、僕は支援教室には何とか通うことができました。いえ、せめてこの教室には毎日通わないと「本当に終わってしまう」と感じていたのだと思います。

悩みを打ち明けたり相談事をもちかけるということはありませんでしたが、先生は一対一で対応してくれて他愛もない話をしたり、いっしょに卓球をしたり。先生方と仲良くなりました。同世代の友達の輪に入っていくことには緊張してしまうのですが、年上の人だと気楽だったのです。それだけで、僕は心が少しずつ解放されていきました。

けれど、支援教室に通っていることは、誰にも知られたくありませんでした。友達は中学生としてきちんと前に向かって歩いているのに、僕だけが取り残されてしまったような気分でした。

母が言うように、「何かを身につけなければ生きていけない」。あの頃の僕は焦っていました。「何かをものにしなければ」。心の空洞を埋めようと、もがいていたのです。

本も読みあさりました。紀元前の中国の歴史本など、いまでは読まないような難しい本まで、あの頃はたくさん読みました。『ニューズウィーク』や『アエラ』なども毎週買って目を通しました。

ずっと心の中に、

「このままでは後がない」

という不安の塊のようなものがあって、学校に行かなくても「バカにならないように」、「社会のことがわかるように」と虚勢を張っていたのでしょう。

津軽三味線との出会い

カラオケ大会のイベントで演歌をバックに踊ったことをきっかけに、僕は浅草の宮田レコード店や、渋谷のTSUTAYAに通いつめるようになっていました。

いまなら動画サイトの「You Tube」などでいろいろ検索できますが、当時はまだそこまではできず、レコード店で「演歌・歌謡曲」のコーナーを見て回り、試聴して、踊りに合う曲を探しまくったのです。

「これはどうかな」

「この曲はこんな踊りに合いそうだ」

その頃流行っていた曲だけでなく、古い歌謡曲や、古い演歌もたくさん聴きました。

あの時間はとても楽しかったのです。学校に行こうとすると頭も体も動かなくなってしまう僕が、レコード店では何時間でも曲を聴いたり、何百曲でも探すことができる。家でもテレビの演歌チャンネルをずっと見ていました。朝から晩まで演歌を聴きまくっても飽きることはありませんでした。

男女のせつない歌詞はまだ理解できなくても、こぶしがカッコいい、メロディがカッコいいといったそのことだけで一四歳の男の子が演歌に熱中するなんて、おかしいでしょうか。演歌歌手だった母の血なのでしょうか。

古典の日本舞踊の稽古を続けながら、僕は演歌や歌謡曲をバックに踊ることに惹かれていきました。もともと大衆演劇を見て日舞に出会ったのですから、それは自然な流れだったのかもしれません。

そして中学一年の終わりごろのこと。テレビをつけていると、当時ブームになっていた吉田兄弟が津軽三味線を弾いている姿が映りました。

「カッコいい！」

世の中にこんなカッコいいものがあったなんて！　僕はその迫力に圧倒され、

いても立ってもいられなくなり
「津軽三味線を習いたい」
と強烈に思い始めました。

山田隆二先生に弟子入り

そのとき、たまたま大衆演劇の座長大会を母と観にいくことになりました。人生において運とか縁というものはほんとうに不思議だと思います。小学校五年のときに観た大衆演劇が日舞をはじめるきっかけになったように、その座長大会で、また運命の扉が開いたのです。

舞台では、一人の男性が津軽三味線を弾き、終わるやいなや華麗に踊り出したのです。どちらも素晴らしく、「世の中にこんなすごい人がいるんだ！」と衝撃を受けました。

舞台が終わったあと、僕はお客さまの送り出しをしていたその方に走り寄り、

いきなり

「弟子にしてください！」

と頼み込んだのです。

それが僕の津軽三味線の先生であり、この世界へ入る道筋をつくってくださった山田隆二先生との出会いでした。先生は、そのときは弟子をとっていなかったので最初は断られたのですが、何度も頼み込んで弟子にしていただくことができたのです。

人見知りで引っ込み思案なのに、熱中するとところとん突き進んで、初めてお会いした先生に弟子入りまで申し込んでしまう。自分でもびっくりするようなそんな二面性が僕にはあるようです。

初めて津軽三味線を持ったときのことは忘れられません。津軽三味線って重いんです。その重さに驚きました。でも、その重たさが確かに現実と自分をつなぎとめてくれるような気もしました。

津軽三味線は想像していた以上に難しかったけれど、夢中で稽古しました。支援教室に行く日以外は、出かけるときも必ず持ち歩き、寝るまでずっと触っていました。三味線を抱いたまま眠ってしまうこともよくありました。最初に手にした津軽三味線は先生からお借りしたものでしたが、稽古しすぎて皮を破ってしまったほどです。後に少しずつ自分の収入を得るようになってから皮を張り替えてお返しし、自分の三味線を買いました。

先生からは「初めての出会いで『弟子にしてください』と言ってきたあの子が、こんなに続けられて、モノになっていくとは、予想もしなかった」としみじみ言っていただきました。

周りの友達がやっていない〝僕だけのもの〟という思いもありました。ギターもカッコいいけど、人がやっているものをやっても大激戦だ。人のいないところを狙おう。消極的な僕が当時そんなことを考えていたとは自分でもビックリです。

他の人がやっていないことをやりたい、イコール〝目立ちたい〟。僕は、実はすごく目立ちたがり屋なんだと思います。

でも今思えば、たくさんの人がひしめいている世界で、面と向かって勝負ができなかった、という弱気もあったのかもしれません。負けるのはいやで、カッコつけな僕です。負けることから逃げて、競争相手が少なそうな場所を選んで、自分の殻に逃げ込んでいたのかもしれない。

でも、それより何より僕には、単純に津軽三味線がすごくカッコよく見えた。それが一番の原動力だったのですが、津軽三味線に出会えてよかったと思います。この津軽三味線は僕の舞台の大きな味方になっているのです。

崖っぷちに立ったとき、エネルギーが爆発した

適応指導の支援教室に通いながら、外での稽古事はどんどん増えていきました。週に一回は歌、一回は津軽三味線、そして、日舞が週に二回。篠笛《しのぶえ》を習っていた時期もありました。

稽古はただ習っているだけではそうやすやすとものにはなりません。毎日毎日の稽古は厳しく、きつかったのですが、好きなことですから楽しくてなりませんでした。

朝から晩まで鏡の前で踊ったり、扇子を回したり、三味線を弾いたり、いろいろな人のビデオを見て研究したり、気がつけば白々と夜が明けてくる日が何度もありました。

野球や柔道も嫌いではなかったけれど、練習は辛かった。夜中までバットを振ることはとてもできなかったと思います。でも日舞や津軽三味線ならどんなに厳しい稽古でも我慢できるし、もっともっとやりたいと思うのです。

あの頃の僕を思い出すと、何かに取りつかれでもしたかのように一途に稽古に励んでいました。だから僕には本当にこれが合っているんだ、と思えました。

人間は逆境のときに一番成長するといいます。僕にとっての逆境は、これからもきっといくつも出てくると思っています。でも、一〇代のあのときは、確かにそのひとつでした。

学校に行きたくなくて逃げていたけれど、逃げてしまったら結局悩みはもっと大きくなる。逃げた結果が、もう後のない崖っぷちでした。

「背水の陣」

本当に崖っぷちに立たされたとき「死にたい」という気持ちは消えて、自分でも驚くほどのエネルギーがわいてきたのです。それまでどこに隠れていたのかわからないような強烈な力でした。ダムのように堰き止めてしまっていたものが、一気に噴出したのかもしれません。

「ここでふんばらなければ崖から落ちてしまう」

僕にはこれしかない！　そんな気持ちでただ一心に脇目もふらず踊り続けました。津軽三味線を弾き続けました。「死にたい」なんて言ってたけど、本当は僕は強烈に生きたかったのでしょう。

あの頃、学校に行かない僕をどう思っていたのか、母に聞いてみたことがあります。

「あなたを信じるしかなかった」

母はそう言って笑いました。母は僕の生きる力を信じてくれていたのだと思います。「死にたい」という僕の言葉は、本気で死にたいのではなく、どう生きていいか見えないだけなのだと。

学校に行かなくたって、いつかきっと別の道を歩いていくと信じてくれていたのだと思います。

僕が不登校になって「片親だから、女手ひとつで育てたから、やっぱりだめだったんだ」と言われたくない気持ちで必死に虚勢をはっていたところもあるのでしょう。僕と同じで、負けず嫌いでカッコつけなんです。

そんな母に、僕はどれだけ辛い思いをさせてしまったんだろうと思います。

それでも母は決して僕を責めなかった。他人になんと言われようと、何が起きようと「この子を信じていく」と思ってくれていたのです。

芸名がついて、生まれ変わった

僕は津軽三味線の山田隆二先生のところに通い続けました。先生には「けんつくん」「けんつくん」と、かわいがっていただきました。先生には僕と同年代の息子さんが三人いて、全員津軽三味線と踊りをやっていました。

当時、僕には友達と呼べる人は、ひとりもいなかったので、先生の息子さんたちと話ができることがとても楽しく、特に同い年の将太郎くんとは仲良くなりました。

学校に行っていない僕は普通の同年代とはなかなか話が合わなかったけれど、彼らは生まれたときから大衆演劇の世界で仕事をしていたので、演歌や踊りなど、共通の話題がたくさんあって、わかり合えたのです。

僕たちは、いわば〝普通の世界〟からはちょっぴり外れている者同士。ヘンなプレッシャーを感じずに、楽しくいろいろなおしゃべりができる友達と一緒にいられたのは、当時の僕には大きな救いでした。

僕は、先生の家に行くことがさらに楽しみになり、来週は何曜日が津軽三味線の稽古だ、明日は先生の家に行くんだ、それは僕にとって「未来」でした。それまで「明日」も見えなかった僕に、「明日」ができたのです。

山田先生はもともと大衆演劇「新星劇団」の座長だった方です。僕が弟子入りしたときには旅まわりの座長をやめて、地元の厚木でご家族だけで営業の舞台をやっていらっしゃいました。

先生は僕が三味線だけでなく踊りも習っていることをご存知だったので、しばらくすると、自分たち家族の舞台に一緒に出てみないかと誘ってくださいましたが、僕は断ってしまいました。

なぜなら、カラオケ大会のイベントで踊りがウケたときはうれしかったけれど、先生といっしょの舞台では、派手な衣装を着てカツラをかぶって、白塗りの化粧をしなければならない。それがどうしてもいやだったのです。

日舞のおさらい会に出たことはありますが、それも紋付袴で踊る〝素踊り〟。

豪華な衣装で踊ったことなどありません。ましてや先生の舞台のように扮装して踊ることなど考えられませんでした。

人前に出ることの怖さはまだまだありましたし、大衆演劇をカッコいいと思いながらも、その世界に入っていくことへの躊躇もありました。

しばらくのあいだ、「絶対にいやです。お化粧をしたり、カツラをかぶって派手な扮装なんてできません」と言い続けていたのですが、あるとき、先生に「じゃあ、そのままの格好でいいから」と言われ、断る理由もなく、ついに健康ランドの営業の舞台に立つことになってしまったのです。一五歳、中学三年のときのことです。

ところが意外や意外、カラオケ大会のとき以上に楽しかったのです。

カラオケ大会のときより、お客さんがもっと近くにいて、僕の踊りを見てくれました。そして声をかけてくれて、拍手をくれたのです。

自分でも驚いたのですが、終わった瞬間、「また出たい」いや「出して欲しい」。踊るためなら化粧をしてもいい、人前に立っても平気だと思えました。

そこで舞台が終わってすぐ先生のところに飛んで行き、

「僕にも、芸名をつけてください！」

と、お願いしたのです。

高山賢人は自信がなくて引っ込み思案で鬱々としていて、派手な衣装を着て化粧をするなんて恥ずかしい、と思っている男です。

でも、みんなの視線をさらって拍手を浴びて目立ちたがっている、もう一人の自分がいる。高山賢人にはその一歩を踏みだす勇気がなくても、別の人間になったら、できるかもしれない。

「山田直次郎」は先生から「山田」をいただき「直次郎」は自分で名付けました。

舞台に立つ自分は「高山賢人」ではない。「山田直次郎」。新しい自分に生まれ変われたようで、胸がワクワクしました。

それまでは、ひたすら稽古に打ち込んでいたけれど、まだ「これを職業にするんだ」という腹は決まっていませんでした。しかしこの芸名がついた瞬間、自分の体の中に新たな魂が宿り、熱い闘志が湧いてきたのです。

「よし、この道で行こう」と。

健康ランドで営業していた青春

それからです。ずっと抱えていた焦りが、ようやく薄らぎはじめました。学校に行かれない、友達がいない寂しさなんてだれにも言ったことはないけれど、ほんとうは寂しかったから、営業の舞台はとても楽しかった。先生の家族に混じって舞台に立つことは、僕の支えになっていきました。

山田先生は、僕のいいところをどんどん認めてくださり、僕がオリジナルの振り付けで踊っていると、

「けんつくんのあのフリ、すごくよかった」

と、僕の振り付けを聞いてくることもありました。息子と同じくらいの年齢

の弟子からでも、いいと思ったらどんどん取り入れる。先生はそんな柔軟な方でした。僕も「今度、この曲を舞台にどうでしょう」と、自分がいいと思う曲を探して持って行ったりしました。

先生の息子の将太郎くんと二人で「ザ・銀河」というユニットを組み、前半三〇分が津軽三味線の演奏、後半三〇分が踊りという構成を組み、全国各地の健康ランドを回りはじめました。彼といっしょに踊るのは、学校のクラブ活動のような楽しさでもありました。

学校帰りに友達とどこかに繰りだすとか、彼女とデートをするとか、そんなこととはまったく縁のない生活を送っていましたから、僕には、いわゆる青春らしい思い出がありません。そのかわりが「ザ・銀河」だったのです。

普通に生活している同世代の子を、うらやましいと思ったことがなかったわけではありません。けれども逆に、普通の学校生活を送っていたらとてもできないような経験をたくさん積みました。

僕たちが立つ舞台は、決して華やかで立派な舞台ではありません。お客様が

山田ファミリーとの舞台。
一番左が15歳の僕

山田ファミリーと
三味線を弾く

「ザ・銀河」の舞台。右側が将太郎くん

三人だけ、なんてこともありました。

舞台に出ていくと酔っぱらいのおじさんが逆立ちをしていて、お客様の視線はそちらに集中。仕方がないので、僕たちもいっしょになってそれを見ていた、ということもあります。寝泊まりする楽屋の天井が落ちていたり、雨漏りしていてバケツの横で寝たことも、強面《こわもて》の人達におどされたこともあります。

流行りのファッションよりカツラと舞台衣装

舞台上での山田直次郎から高山賢人に戻り、ふと目の前の現実を見るとき、

「この先、僕はどうなるんだろう」

という不安が、またドッと押し寄せてきました。そして、賢人はあわててそれを打ち消すのです。

「いまやっていることは、きっと将来の糧になるに違いない」

「これしかない。僕のやりたいことは、ここにある」

「いま僕は、みんなにはできないすごい経験をしているんだ」

そう信じる。いや信じたかったのです。僕には、踊りと三味線しかなかったから。

この世界では、手取り足取り教えられることはなく、なんでも「見て覚えろ」と言われます。化粧も、最初だけは「眉はこう引くといい」と教わったけれど、あとは、先生が化粧しているところをそっと観察し、どうすれば見栄えがするかを自分なりに研究するのです。そして家に帰ってからは、美しいと言われていたスターの写真を何枚も貼って、それをまねして夜中じゅう化粧をしまくりました。

気づいたときには、あんなにいやがっていた化粧も自分で工夫するようになり、なんとかそれらしく見えるようになっていきました。

健康ランドの舞台では、お客さまが割り箸にはさんでご祝儀をくださいます。それを貯めて衣装やカツラを買い、ひとつ、またひとつと増やしていきました。

自分が頑張っていることの証のような気もしたし、それが楽しみになってきたのです。

当時は、高い衣装は買えません。浅草の店でペラペラの安い既製品を探すのですが、僕は身長が高いので、なかなか合うものが見つからないのです。

最初に自分で作ったのは、真っ赤な無地の衣装でした。もちろん正絹なんて買える訳がありませんが、それでも自分にとって宝物でした。

お客様に「似合うね」とほめられると、そればかり着ていたのを覚えています。いまでも「赤が一番似合う」と言ってもらうことがありますが、赤を着ると初心に戻って、知らず知らずのうちににシャキッとするのです。

流行の服はほとんど買わなかったし、ブランドにも興味がありませんでした。それよりも舞台衣装が欲しかった。

カツラも少しずつ増やしていき、今では自分の部屋に入りきらないほどになりました。コツコツとよく買い集めてきたものだなぁと、あの頃を思い出ししみじみ眺めることもあります。

16歳の晴れ姿

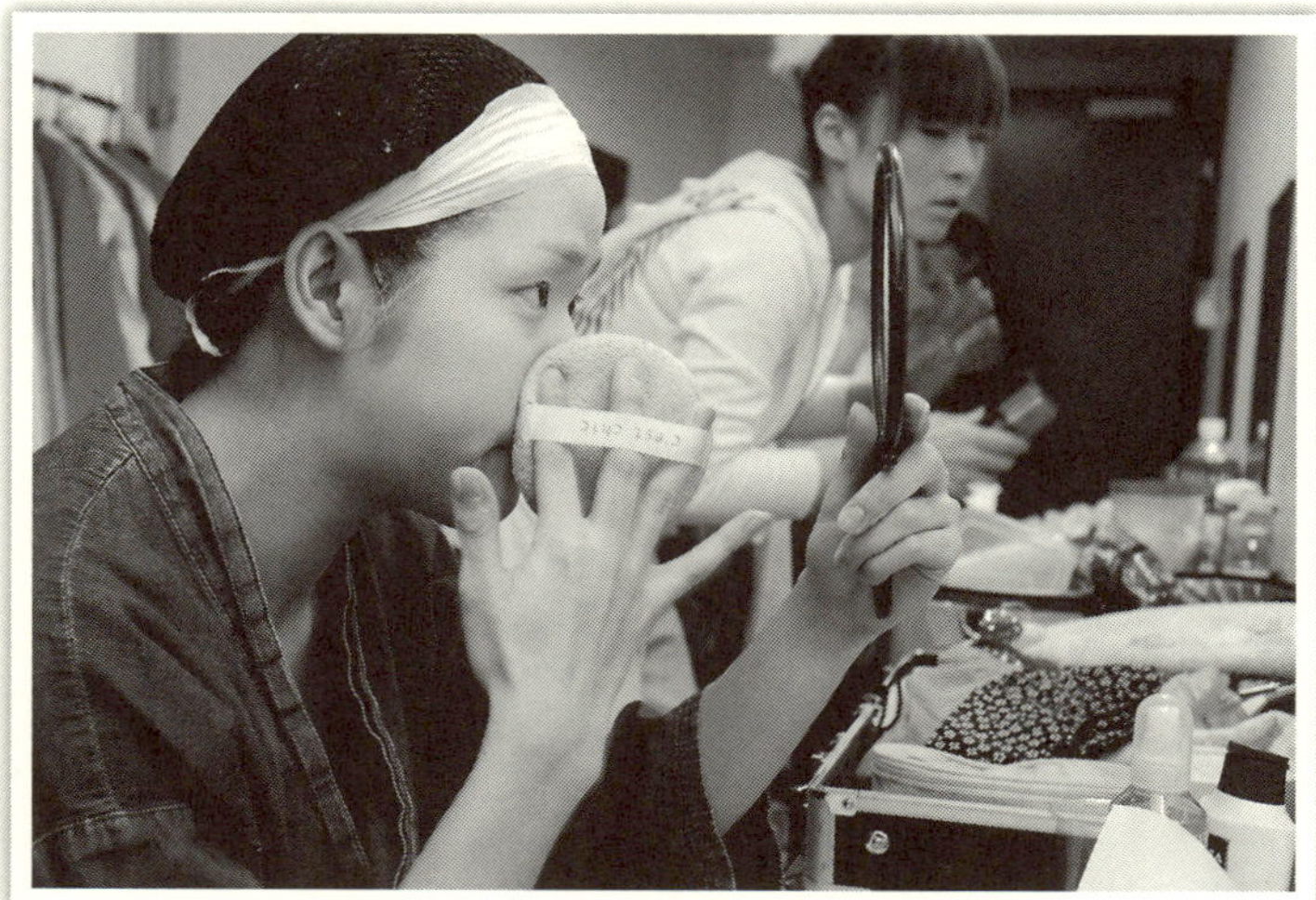

18歳、化粧も自分でいろいろ工夫するようになった

有難さがこみあげた、僕一人だけのための中学卒業式

適応指導の支援教室のほうではちょっぴり驚いたことがありました。二年目でしたが、僕が登校できなかった中学校の校長先生・蜂須賀先生が、なんと通っていた支援教室の所長となって赴任され、再会したのです。

正直言って、母も僕も蜂須賀先生にはいい思い出がありませんでした。僕たち母子を学校に通わせるために、意見されたのです。

ところが支援教室にいらした先生は、ニコニコと穏やかで優しい先生でした。母にも、

「お母さん、あのときはお子さんが学校に行かなくなってしまって、お母さんもたいへんだったよね。いろいろあるよね」

と言葉をかけてくれたそうです。

それからは、蜂須賀先生にはとてもお世話になりました。僕も少し精神的に

楽になりはじめた頃だったので、先生とはいろいろな話を中学三年までしました。

しかし、本来の学校はとうとう中学三年まで戻ることができず、卒業式すら出席できないまま終わってしまいました。

そんなある日、学校から電話が母あてにかかってきました。

「三月の○日、お子さんだけでも良いですから一度学校に来てください」

僕はおっかなビックリ赤坂中学に伺い、玄関で待っていてくれた校長先生と共に、ある教室に入りました。

すると、何と教室にはその当時僕の担任であったのであろう先生方数人が、正装で待っていてくださったのです。

僕一人の卒業式です。

こんな駄目な、こんな弱い、こんな迷惑をかけた僕のために……。

校長先生の優しさ、先生方の暖かさをひしひしと感じ、僕は一人じゃなかったのだと申し訳なさと有難さがこみあげてきました。

これからは強く生きて行かなくてはと思ったことを覚えています。

また支援教室の卒業記念で蜂須賀先生からいただいた色紙には
「いつでも前へ、前へ」

と書かれていました。その言葉は、いまでも僕の大切な宝物になっています。人生って、先にどんなことが待っているか本当にわかりません。いやな思い出もずっといやな思い出のままではないはずです。自分の経験からそう思います。

僕は、高校生になった

そして僕は健康ランドの営業を続けるなか、高校に進学しました。中学校に行けなかった自分へのリベンジだったのかもしれません。何としても高校には

僕一人のための卒業式

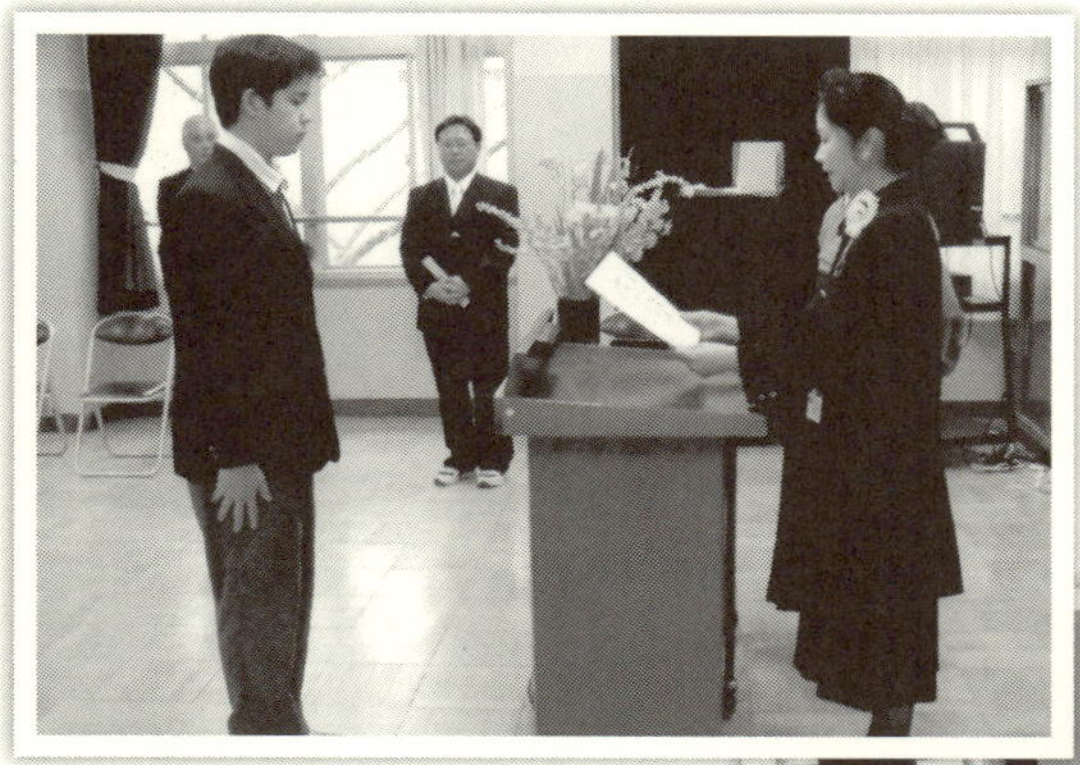

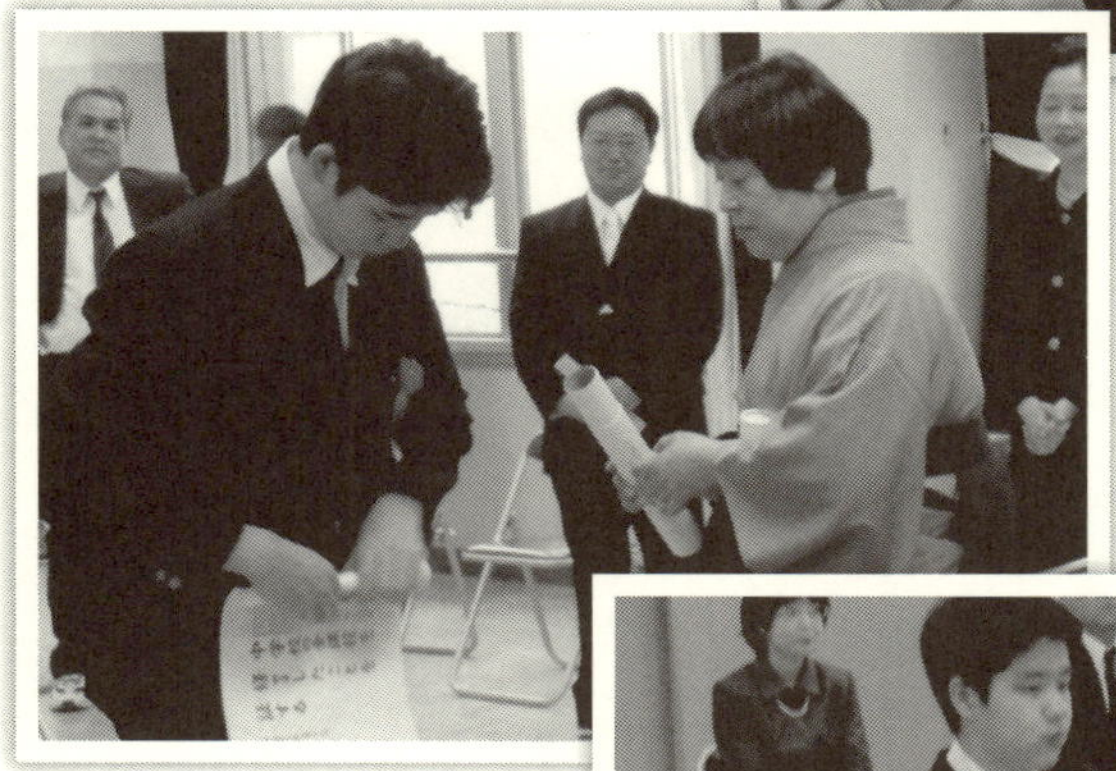

行きたいと思ったのです。中学に行けないままで終わりたくなかった。

高校入試に備えて、支援教室の先生に受験勉強をみていただき、合格することができました。

普通高校ではなく、自分で見つけた単位制の高校です。学校には通いますが、レポートが中心で、自分のペースで勉強できる学校で毎日出席しなくてもいいのです。

中学に行けなかった僕にとって、いきなり毎日たくさんのクラスメイトの中に入っていかなくてすむのは有難かったし、営業の舞台は続けていくつもりだったので、この学校なら通えるかもしれないと思ったのです。

高校生になれたときは、やっぱりうれしかった。僕は不登校児だった過去を封印して、支援教室の三年間をなかったことにして、高校に進みたかったのです。

高校に入ってすぐに、僕は別の舞台にも立つようになりました。歌手の原田ヒロシさんが、いまも横浜の三吉演芸場で月に一回開催されている「流行歌考《はやりうたこう》」

の舞台です。

僕は中学生の頃から、三吉演芸場にもよく大衆演劇を観に通っていました。そこの演芸場には名物のお母さん（本田玉江さん）がいて、僕のことをすごく可愛がってくれていました。

原田ヒロシさんも三味線を弾いているので、そのお母さんに紹介していただいたこともありますが、そのときはご縁ができませんでした。

けれど、その後も三吉演芸場に通っているうちに、

「きみ、山田くんに習ってるんだって？　踊れるなら、うちの舞台にも出てみないか」

と、声をかけてくださったのです。実は原田さんは山田先生とも知り合い。かつては一緒に三味線を弾いていた仲だったのです。

そんなこともあり、今まで健康センターの舞台にしか立ったことのない僕が、憧れの三吉演芸場の舞台に立てるんだと思い、胸がワクワクしました。

三吉のお母さんもとても喜んでくださいました。

それからは、毎月の「流行歌考」の舞台にレギュラーで出演、原田さんのハワイ公演やロサンゼルス公演で五回も踊らせていただくなど、いろいろな経験をさせていただきました。そして、その後に続くたくさんの出会いにも恵まれました。

背が高いというコンプレックス

高校は週に三日くらい行くだけなので、とくに親しい友達ができることはなかったけれど、僕には踊りがあったし、少しは大人になっていたから、中学のときのように気分がふさぐことはありませんでした。

学校は自由な雰囲気で、オシャレをしている子も多く、僕も好きな服のブランドができたり、初めて髪を染めてみたりもしました。ダイエットをしたわけではないけれど、だんだん痩せはじめました。

痩せはじめた理由のひとつは、身長がぐんぐん伸びてきたことでした。小学

16歳で女形を演じた

校六年生のころから一六二センチあって、クラスでいちばん大きかったのですが、中学の三年間でさらに伸び、高校に入って一七二～一七三センチ。師匠の背を超え、「ザ・銀河」の相棒の背を超えた頃から、僕にとって悩みになってきました。

普通の男の子だったらうれしいのかもしれませんが、背が高いことは日本舞踊を踊るには不利なのです。女形をやりたいと思っていた時期もありましたが、あまり身長が伸びてしまうと女形は見栄えが悪いのではないかと心配していました。

二回だけですが、女形で健康ランドの舞台に立ったことがあります。そのとき、酩酊したお客様から、

「デカすぎるぞ」

「足、切っちまえ！」

と、ヤジを飛ばされてショックを受けました。

「もっと小さければ、もっとよくみえるのに……」

踊っている最中にいきなり幕を下ろされてしまったような、心が真っ黒に塗りつぶされるような絶望感が襲ってきました。

身長が伸びるにつれ、踊っているときの自分の形が、稽古をつけてくださる師匠の形と、どうも違っているような気もしてきたのです。背が高いぶん、たとえば手がちょっとでも下がると、人より目立ってしまいます。自分には日舞しかないのに、その日舞さえ、できなくなってしまうんだろうか……。

思いあまって整骨医に駆け込みました。

「背を縮められますか」

とすがる思いで聞く僕に、先生はあきれたように答えました。

「そのうち、止まるよ」

待ちに待った〝そのうち〟は、一九歳になってから。僕の身長は一八一センチまで伸び続けました。

そして花園直道の誕生

今、友達とカラオケに行っても、同世代が歌う「あの頃、流行った歌」を僕は知りません。みんなと違う場所にいたから、みんなが当たり前に知っていることを知らないのです。

そのことに、少しだけ後悔の気持ちもあり、やり直せるならやり直したい、そう思うことだってあります。でも、人生は一度きり。これが僕の選んだ道なのだと自分に言いきかせています。

高校卒業後、日本大学芸術学部の演劇科日舞コースに推薦入学することができました。それと同時に四年間お世話になった山田先生のもとから独立することになりました。

「自分の名前でやってみなさい」

と、先生が背中を押して、「ひとりで大きく羽ばたいていきなさい」と送り出してくださったのです。津軽三味線の稽古はその後も続けましたが、先生と一緒に舞台に立つことはなくなりました。

一八歳。僕は、自分で「花園直道」という芸名をつけ、覚束ない足取りですが、ひとりで歩き出すことになったのです。

中学校に行かれないくらいで人生が終わったように絶望していた僕が、夢と希望を胸に抱いて未来に向かって歩きはじめたのです。

第三章

爆発！　花園直道・魂の叫び

舞踊集団「華舞斗」を結成

花園直道、一八歳。

山田隆二先生のもとから独立した僕はこれからのことを考えはじめました。競争相手が少ないと思った日舞や三味線だけれど、その世界に入ってみれば、やはり演歌で踊ったり三味線を弾いている人はたくさんいます。そういう中で自分らしさを出してお客様を惹きつけ、自分の舞台を観にきていただくのは大変なことです。

オリジナリティのあることをやりたい。EXILEさんみたいに、男十何人の集団で日舞を踊ってみたら、迫力があるんじゃないか。そんなイメージがわいてきました。

将太郎くんとのユニット「ザ・銀河」のあと、「北斗」という三人のユニットを組んだり、歌手志望の男性とふたりで、「華舞人」というユニットを組んだこともあったので、そこからの発想です。

そこでメンバーを募集。本当は日本舞踊を踊れる男子を集めたかったのですが、今の世の中、日本舞踊を踊れる男子はなかなかいません。ダンスができるか、歌を歌える人を基準にオーディションで選び、舞踊集団「華舞斗《かぶと》」を結成しました。華やかに舞いたいという願いを込めた名前です。

しかしそのメンバーの中で踊りの経験がある子はわずか、着物も着たことのないようなメンバーと特訓の日々でしたが、そんな僕達を原田ヒロシさんは、三吉演芸場で行われるご自分のライブに毎月出してくださったのです。

そのためには僕達は毎月、新しい演目を必死に稽古しなくてはなりません。そして僕自身も振り付け・衣裳・構成とたくさん勉強させていただき、毎月の三吉演芸場に出演することが楽しくて仕方がありませんでした。

こうして僕は初代の「華舞斗」を率いて踊りはじめました。いまの僕のスタイルの原型が、このときできたのです。

華舞斗はその後、何度かメンバーチェンジをしてきましたが、いまも活動しています。支えてくれる華舞斗がいるから、イメージしている舞台を目指すことができる。僕にとって、とても大事な存在です。

華舞斗を結成してからしばらくのあいだは、お店回りなどの営業活動をしていました。どんな場所にも飛んで行きました。

焼肉屋さんの「いらっしゃいませ」と書かれた玄関マットの上で踊ったこともあります。踊りを見ていただけるなら、どんな所も舞台です。踊りへの情熱は誰にも負けません。とにかく、踊れる場所を与えていただけるだけでうれしかったのです。いまでも舞台の大小にかかわらず、いろいろな場所で踊りたいという思いはつねにあります。

そしてどこに行っても、必ず自分に目を向けさせたいという気持ちが強くあります。自分のことなんか誰も見ていない、そんな場に行っても、「必ずこっちに目を向けさせてみせる！」と、いかにして多くの人を引きつけることができるかをいつも考えています。

今の花園直道は、目立ちたがり屋です。高山賢人はあんなに引っ込み思案だったのに、花園直道は後ろにバックダンサーを率いて、誰より目立ちたいのです。

初のインディーズCDデビュー！

二〇歳のとき、今度は歌を歌いはじめました。

自分のオリジナリティーを出したパフォーマンスをしていくためには、大衆演劇との線引きをしなければならないと考えたのです。

もちろん、大衆演劇は今の僕の根幹を作ってくれたものです。けれども、大衆演劇の中心はあくまでも〝芝居〟。差別化するためにも、歌いながら踊ってみようと思ったのです。

それに踊りだけでは、興味のない方になかなか見ていただけません。踊りを見ていただくためには、もっと間口を広くしなければ！

そこで、華舞斗といっしょに初のCD『夢舞－YUMEMAI－』をインディーズ（自主制作）で発表しました。二〇一〇年のことでした。その中にこんな歌詞があります。

「からだひとつでござんす　お見せできる代物は」

まさに、当時の自分そのものを表している歌詞。僕の公演を観に来てくださっていたお客様の中にいらした作詞家の浮草ヨーコさんにお願いして、話し合いながらつくった歌です。

ポップスのビートがありながら津軽三味線も入る、僕の目指す「和」のパフォーマンスの象徴ともいうべき曲です。

インディーズデビューをしたころから、NHKのチャリティーイベントに呼んでいただいたり、神宮外苑の花火大会のショータイムにゲスト出演させていただいたりと、僕の活動にも少しずつ動きが生まれてきました。

CDを出したのと同時期、華舞斗といっしょに初めて単独の舞台に立ちまし

2009年初のワンマン公演

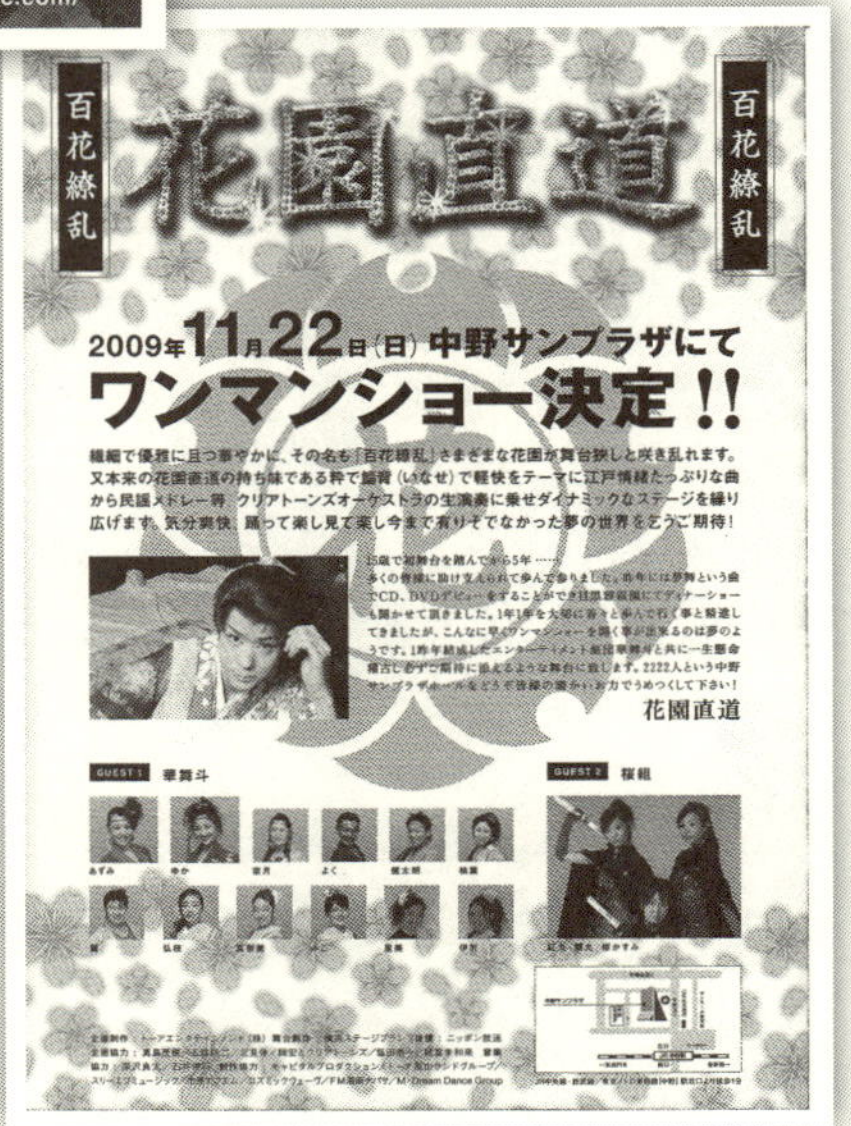

た。目黒雅叙園で行った「花園直道20th バースデーディナーショー」。いきなり大きな会場で、しかも自分がメインのイベントです。途方もなく緊張したことを覚えています。

客席には、僕が一〇代だった頃の健康ランド時代からのお客様もいらしてくださいました。体当たりでいろいろな場所で踊るうちに少しずつ、少しずつ、僕を応援してくださる方が増えてきていたのです。じわじわと、広がり、昇っていく渦の中にいるように感じました。

そんなある日、事務所からとてつもない提案が……花園直道の特別公演をやろう、しかもその会場は中野サンプラザ、二、二二二名の客席数。

僕は考える間もなく、「やります、やらせてください」と返事をしたことを覚えています。

それからというもの、ファンクラブと事務所が一丸となり、そして僕は大勢の方の力をお借りしながら、舞台の演出・構成・振り付けまでを自分で行い、「花園直道特別公演～百花繚乱」と題した公演は大成功！　二階席の後ろまで満員、大きな拍手の中、幕が降りました。

花園直道という看板を背負って立つ

このような大きなチャンスが与えられ、僕はとても恵まれていたと思います。けれども、チケットを売って、お客様に喜んでいただき、また次も足を運んでいただくことは大変なことでした。結果を出さなければ、次はありません。自分の看板を背負う。そのプレッシャーはたいへんなものがありました。先生のもとにいたときは、山田隆二という人が看板です。お客さまが来なくても先生の責任。また原田さんの舞台に来るお客さまは、原田さんを観に来るのだから、原田さんの責任。同じように、ひとり立ちして「花園直道ショー」を開くことは、その責任を自分が抱えるということでした。

以前は、前に立つ山田先生について楽しく踊っていればよかったけれど、今度は僕の後ろに率いるメンバーができました。自分が前に立って、彼らをひっぱっていかなければならないのです。

もう「楽しい」「うれしい」だけで踊っているわけにはいきません。頭の中は「どうやって一時間やるんだ、何を一時間やるんだ!」「大変、大変!」でいっぱいでした。

トークだってやったことがありません。口下手な僕は、最初は自分の名前を言うのがやっと……。それでも僕は必死に頑張りました。そして、

「やっぱり、山田先生や原田さんって、すごかったんだ」

と痛感させられました。自分の名前で立ったからには、自分の責任でお客様に納得していただかなければなりません。人の舞台に出ることと、自分の名前を背負うってことはこんなに違うんだ。その重さをひしひしと感じました。

頑張っても頑張ってもふいに襲われる不安や緊張感の中で、いままでの僕は先生方の庇護のもとに甘えさせていただいたにすぎなかった、とあらためて気づかされたのです。

初めての座長公演、そして林与一さん

二一歳のときに三越劇場で初めての座長公演に挑戦しました。大御所の方が新人を支える「留《と》め」という役目があるのですが、僕は「ダメでもともとだ！」と、思い切って林与一さんにお願いしてみました。

林与一さんは元歌舞伎役者であり、俳優さんであり、日舞・林流の宗家でもある方。僕にとっては雲の上の存在です。まさかなぁ、無理だよなぁ、と思っていたのですが、なんとお引き受けいただけたのです！

林与一さんに留めをつとめていただけるなんて……と喜んでいたのもつかの間、一緒に稽古をはじめたとたん、厳しいひと言をいただいてしまいました。

「おもしろくねえ」

きれいな形にばかりこだわる、僕の踊りに対してでした。

「踊りには一瞬、捨てる動きというものがある。そういう中にふと色気が出た

りするのだが、君の踊りにはそれがない」というご指摘でした。

いかにきれいな形を作るか、完璧主義のように目指していた僕にとって、そのひと言は衝撃でした。自分では「これがいいんだ」と思っていたことが、じつは全部ダメだったんだということを「がーん」と突きつけられました。

そんな中でも時には、良い所を見い出して褒めていただけたかな、と内心喜んでいると、「でも……」と、必ず続きをおっしゃるのです。ダメ出しに次ぐダメ出し。

今思えば、林与一さんは、若造の僕にありったけのことを教えようとしてくださったのだと思います。そんなふうに接してくださる方は、めったにいらっしゃいません。

何より、林与一さんのような素晴らしい方の踊りをいちばん近くで見させていただいたことは、得難い経験でした。

稽古での存在感と、本番での空気感も微妙に違います。ひとりで踊られるときと、ふたりで息を合わせて踊られるときも全く違います。カッコ良く見える

林与一さんと『芸道一代』初の座長公演（2010年）

魅せ方、衣装の着方。何もかも学ぶことばかりでした。

林与一さんは、長谷川一夫さんや美空ひばりさん、山本富士子さん、森光子さんといった、錚々《そうそう》たる方々に可愛がってもらったそうです。

「だから、いまの自分がある」とおっしゃいます。

そんなお話をうかがっていると、「ああ、こんな大御所の方でも、最初は今の自分と同じだったんだ」と、急に身近に感じられました。

僕だって一生懸命頑張れば、林与一さんに近づけるかもしれない。あんなふうになれるかもしれない、と勇気づけられました。

林与一さんは、「だれしも、必ずだれかのお世話になっている。それを忘れるなよ」と教えてくださいました。その言葉を胸に刻みつけました。

打たれて打たれて本物になる

ちょうど同じころのことです。数多くのショーを手掛ける敏腕プロデューサーの方に「花園直道特別公演」のＤＶＤを見ていただいたときのこと。

「何をやりたいのか、さっぱりわからない」

「きみの舞台を見たいとは、まったく思わない」

という、またもや厳しいお言葉をいただいてしまいました。

その瞬間の僕は、まさに頭の中が真っ白になり、完膚なきまでの手厳しい言葉が矢のように突き刺さったのです。

大衆演劇との差別化をしたい、自分のオリジナルな舞台を創りたいと夢見ていた自分の努力が、全否定されてしまった……踊りの上手さうんぬんではない、自分の存在まで否定されたような衝撃でした。

けれども、今になって思います。真正面からガツン！　と言ってくださる方には、なかなか出会えません。自分が否定されるくらいの経験をせずに、大きく成長することなどできないんです。

打たれ強くない僕にとっては心臓に悪いけれど、厳しいことを言っていただかなくては気づけないことは山ほどあります。勘違い、独りよがり、自己満足におちいっているときは、自分で考えて考えてそこから抜け出る努力が必要です。自分が良いと思うことだけでなく、いろいろな幅広い視点を持たなければならない。

自分の看板を背負って世間に出て行ったら、母のように優しい目で僕を見てくれる人ばかりではありません。冷たい目にも厳しい評価にもさらされる、それがプロです。プロとしてやっていくなら、打たれ強くならなければ！

厳しいことを言ってくださる方がいるからこそ、自分のアイデアや考えをもっと深めていかれます。批判されても否定されても「これが我が道なんだ」という信念を強く持てるようにするためには、甘い環境に身をおいていてはいけないのだと思います。

林与一さんとのご縁も、プロデューサーの方とのご縁も、僕にとってはかけがえのない大切なものとなりました。大先輩方からいただいたたくさんの言葉を、舞踏家・花園直道の血や肉にしていかなくてはいけないと肝に命じています。

下積みの経験で身につけた度胸が武器

まだまだひよっこの僕は、先輩方にたくさんの厳しいお言葉をいただき落ち込むこともたくさんありましたが、大きな強みもあるじゃないかと、自分自身を励ましています。一〇代から小さな舞台で幅広くたくさんの経験を積んできたことです。

山田先生は「いいものはいい」と、何にでも挑戦する方です。タップ、フラメンコ、太鼓、三味線、歌。

そして一方、原田さんはもともと民謡歌手を目指し、その後、三味線の奏者になった方です。ブルースも歌いますし、演歌、ロック、ジャズ、端唄、小唄と、とにかくなんでも上手なのです。

そういうお二人についたから、僕も自然といろいろなことに挑戦するようになりました。花園直道の基本形はこの二人が作ってくださったのです。

もうひとつの共通点。お二人の舞台はいつもそのときのお客様の雰囲気に合わせて構成するため、段取り通り行かないのです。事前の打ち合わせもほとんどなし。突然の変更は日常茶飯事でした。

健康ランドはきちんとした舞台もなかったりするので、舞台も袖もあったものではありません。そんな中で、何があっても動じず対応し進められる対処法を学んでいきました。そこが原田さんにも気にいってもらえたところだと思います。

例えば、原田さんが舞台に出る直前に「ちょっと帯貸して」と言われて、僕の帯を貸すと、あわてて自分の衣装を何とかしなくてはなりません。間奏中に「歌詞カード忘れた、持ってきて」なんてこともしばしば。

原田さんが歌う横で二〜三曲踊らせてもらっていたのですが、歌詞がめちゃくちゃなときもしばしば。あれ？　今、何番を歌ってるの？　という感じ。それでも落ち着いて、合わせて踊ることができました。

いまでも僕は「どうしよう、どうしよう」とプレッシャーに押しつぶされそ

原田ヒロシさんとの三吉演芸場の舞台

うになるときもありますが、それでも「どうにかなるでしょ」という度胸がどこかにあります。その強さはお二人の師匠から学んだものです。トラブルをメリットに変えて観客の心をつかむ見せ方が、お二人にはありました。

舞台でトラブルが起きると燃える自分がいます。踊っているときに、ふと舞台に落ちている小道具が目に入る。前の人がミスって落としたんだな。お客様はきっと気になっている。そんなとき、自然な流れで小道具を片づけて、なおかつ、この場面をちょっと盛り上げたい。踊りながら頭の中で考えるのが楽しいのです。

音が出ない、マイクが入っていない。そんなトラブルだっていくらでもあります。でも大丈夫。着付けが間に合わなくて着物の前をはだけたまま出ていっても、舞台の上で踊りながら着る演出だってできます。

僕は、いろんなことをやりまくってきたから大丈夫。いろんなことに挑戦するのは当たり前。あの健康ランドの舞台が、三吉演芸場の舞台が、自分を支えてくれています。これが僕の強みの一つだと誇りを持っています。

東日本大震災が僕の運命を変えた

二〇一一年。花園直道になって五年目、二三歳になった僕は、ついにメジャーデビューという大きなチャンスをつかみました。

『古の花／魂！　七変化』という曲でレコード会社からＣＤデビューすることが決まったのです。なんだか運が向いてきたように思えました。なんとかしてこのチャンスをものにしたいと思いました。

ところが、あの日。だれにとっても忘れられない悲劇の日がやってきました。

三月一一日、東日本大震災……。

デビュー曲は予定どおり四月に発売されましたが、発売イベントやキャンペーンは全て中止。カラオケにも三カ月間は入りませんでした。ただ、それはどうでもよかったのです。自分自身のことを言っている場合ではありませんでした。あのときは日本中の人たちがみな同じ気持ちだったと思います。

けれども実はこの震災から一カ月の間に、僕の運命は知らない間に大きく動いていたのです。それは演歌界の大御所、川中美幸さんとの出会いでした。

二〇一一年三月のその日、川中美幸さんは明治座で一カ月公演をなさっていました。そこにあの大震災が起こったのです。歌っている途中で曲を止め、衣装のまま、お客様といっしょに全員で近くの公園に避難したそうです。そして、残りの公演は全てキャンセルになったそうです。

あのときは毎日、悲しい、怖ろしいニュースがあふれていました。そんな中、被災された方々への思い、そしてご自分の公演を楽しみにしてくださっていたファンの方々への思いで、川中美幸さんはすっかり胸がふさがれて、家に閉じこもっていたそうです。

そんなとき、ふと、ファンの方からの手紙を読んで自分を励まそうと、置いてあった手紙の束を手に取ると、一通の手紙が目にとまりました。それは、僕の母からの手紙でした。

母は、演歌歌手時代に川中美幸さんと親交がありました。歌手をやめてからのお付き合いはなかったけれど、僕が少しずつ階段を上り始めたとき、息子のためにきっかけを作ってやりたいと思ったのでしょう。知り合いの方に川中美幸さんへの手紙を託していました。

「息子・花園直道の舞台を一度でいい、観にきていただけませんか」

と。その手紙は半年も前に渡されたものでした。それが、震災後に川中美幸さんの手で開けられたのです。

「へぇ～、博子さんの息子さんが」。なつかしさに、川中美幸さんはすぐ母に電話をくださいました。

「息子さんのライブ、観たいわ」

そして川中美幸さんは、僕の震災チャリティ公演『夢舞ＬＩＶＥ』に足を運んでくださることになったのです。

四月一六日。被災された方への思いと、「今日は川中美幸さんが見にいらしている」という緊張感の中で、僕はいつも以上に心をこめて、思い切り歌い、踊りました。

ライブのあと、川中美幸さんは母に、

「博子さん、ありがとう！」

と言ってくださったそうです。

「とっても楽しかった、元気がもらえた。私も、いつまでもショゲてる場合じゃないわね。私も歌いたい！　踊りたい！」

と。川中美幸さんが僕のライブを見て少しでも明るい気分になってくれたなんて。自分のライブが少しでも元気を与えられた。あのときの喜びは忘れられません。そしてこの日が、次の大きなステップへとつながったのです。

川中美幸さんと夢の共演

震災のためにキャンセルになった川中美幸さんの公演は、その年の一一月に再演することが決まりました。

そのとき、川中美幸さんが母にこう言ってくださったのです。

「直道くんを貸して！　私の相手役をやってほしいの。直道くんから毎日、元気をもらいたいの」

川中美幸さんの相手役？　僕が明治座の舞台に立つ？……信じられませんでした。夢のようなお話にしばらくは茫然としていました。そんな日を夢見ていたけれど、本当にそんな日がやってくると、何だか現実感がありませんでした。

次に襲ってきたのは、今までに経験したことのないくらいマックスの緊張感。それまでも自分の舞台を自分なりに精一杯やってはいたけれど、いきなり川中美幸さんの隣に立たせていただくことになったのです。そのプレッシャーは生易しいものではありませんでした。

とにかく自分の全てをぶつけるしかありません。それが「私に元気をちょうだい」と言ってくださった川中美幸さんのお気持ちに応えることなのだと、覚悟を決めました。

稽古が始まりました。明治座の川中美幸さんの公演という大舞台。頭の中で健康ランドと比較しました。全てレベルが違う。演出家、脚本家、プロデューサー、全てのスタッフが一流の方ばかりです。

そんな方たちがズラリと並ぶ中で踊るのはとてつもない緊張感でした。恐れていてもしょうがない。小手先のごまかしはききません。今の自分を全てさらけ出してやってみるしかありません。そんな僕を、川中美幸さんは温かく見守り、本番まで気持ちを盛り上げてくださいました。

座長としての川中美幸さんの姿には、「これが一流に上りつめる人なんだ」と本当に心を打たれました。出演者、スタッフ、全ての人たちに対する気配り、目配り。隅々まで行き渡る、お人柄の温かさや明るさ。

だからこそ、関わるだれもが川中美幸さんのために良い舞台をつくろうと思うし、たくさんの人たちの熱い思いがひとつになって、実際に舞台が良くなる。そういうシーンを、いくつも見せていただきました。

明治座の大舞台へ突入！

二〇一一年一一月一日。僕は明治座の舞台袖にいました。開演五分前。あ～どうしよう、ついに本番がやってきた！　でも、ついにここに立つことができるんだ。たくさんの力を借りてついにこの劇場まできたんだ……いろいろな思いが渦巻いていていました。

いよいよ初日の舞台がスタートしました。僕は無我夢中。今まで頑張ってきたことの全てをぶつけるんだ。たくさん踊ってきた、たくさん稽古してきた、それをこの舞台で出し切るんだ。

踊って踊って、四時間。ラストに川中美幸さんと形を決めて、そのままセリが下がっていきました。セリには川中美幸さんと僕の二人だけ。そのとき、川中美幸さんはこう言ってくださったのです。

「よかったよ、直道くん。元気をもらえた。ありがとう！」

やれたんだ。僕は明治座の大舞台を何とかやりきれたんだ。あのすさまじい緊張感を乗り越えて、やりとげたという達成感がありました。うれしさと誇らしさと安心感がどっとあふれてきました。

それから毎日、ラストのセリが楽しみになりました。全力を出し終えた、川中美幸さんとたった二人だけの数十秒。

「毎日ありがとうね。よかったよ、今日も」

川中美幸さんのそのひと言で、明日は今日よりもっとよくやってやろう、という気持ちがわいてきました。

座長のたったひと言で明日の舞台が変わる。座組は座長で決まるといわれるけれど、そのとき、たくさんの人が「川中美幸さんの舞台に出たい」とおっしゃる意味がわかりました。

僕も、自分の看板を背負って立つ舞台では、ひとりひとりをきちんと見て、それぞれの良さとやる気を引き出していかなければ。

僕などまだまだ足元にも及ばないけれど、それ以来、華舞斗を率いるときに

川中美幸さんの明治座公演で

「人生賭けてます」

「嵐が丘」

は、川中美幸さんの座長としての姿をいつも思い浮かべるようになりました。座長としての素晴らしさだけではありません。間近で見る川中美幸さんの芸は超一流でした。

演歌は、文字どおり「演じる歌」です。「ストーリーの中に入り込んで演じる芸」と聞いたことがあります。川中美幸さんの舞台に、まさしく！ と驚嘆してしまいました。川中美幸さんは全身で、全存在で演じている。舞台袖から歌を聴きながら鳥肌が立ったことをいまでも鮮明に思い出します。

初めて大劇場の舞台をふんだ曲、それは『人生賭けてます』。まさしくこのときの自分と重なるものでした。

こうして僕はこの『人生賭けてます』でメジャーデビューをとげたのと同時に、大舞台を経験し、自分自身大きくステップアップしたのを感じました。

もう中学不登校の落ちこぼれじゃない！ 僕はここまで来られたんだ。うれしさと同時に、身が引き締まる思いでした。

落ちこぼれの僕に光が見えてきた

川中美幸さんのおかげで明治座の舞台はお客様からの大きな反響をいただき、綾小路きみまろさんが司会をされているＮＨＫの『ごきげん歌謡笑劇団』に、川中美幸さんと一緒に出演させていただきました。

演歌番組やＮＨＫラジオなど、今まで一視聴者として見ていた番組への出演依頼がどんどん入ってきました。小さい頃、テレビで見ていた人たちと並んで仕事をする機会も増えてきました。何だか信じられないけど、自分はいま、「憧れて見ていた方々と同じ場所にいる」と思いつつも、夢なのか現実なのか、よくわからないような感じでした。

そんな番組で共演する人の中には、僕と同じような年代の人や、新人の方もいました。デビュー一年目からこんな番組に出られるなんて恵まれてるな、と少しだけうらやましく思いました。

最初から華やかなステージで歌い踊るのは、自分にはできなかったことです。でもそういう人に話を聞くと、いきなり有名な方たちとの共演で、心臓が飛び出しそうなくらい緊張すると言います。

確かにそのとおりだな、と思うのです。もし自分だったら、とても挑戦する気になれないかもしれないし、大失敗をしてへこんで、ひきこもってしまったかもしれません。

でも僕は、今までたくさんのトラブルを経験してきたからこそ、どんな大舞台だってやれる。そのささやかな自信と多くの経験が、現在、生きているんだ。これまでの人生をプラスにとらえる気持ちになれました。

ふと「高山賢人」は孤独になる名前だと言われた記憶がよみがえり、試しに「花園直道」という名前の画数を調べてみたら、とても恵まれた運勢で、たくさんの人が集まってくると書いてありました。

占いを無条件に信じるわけではありませんが、花園直道という名前をつけてから、それまでになかった素晴らしい出会いや仲間に恵まれるようになった気がするのです。

花園直道になってから道が開けた。もう、孤独な高山賢人じゃない。花園直道にはできる。花園直道は出会いに恵まれて、明るい花道を歩いていけるんだ。そう自分に言い聞かせました。

二〇一一年。日本は暗く沈んだ年でしたが、僕、花園直道にとっては大きな希望の光をつかんだ年となったのです。

花園直道、魂の叫び

二〇一三年、僕はメジャー二枚目のCD『じょんからロック』を発表しました。この曲は僕にとって、次の飛躍への大きなターニングポイントになりました。

悩みぬいていた一〇代の頃に「カッコいい」とひと目ぼれして自分からはじめた津軽三味線を弾いて、ロックをやってみようと思ったのです。

三味線には歌舞伎や文楽の中で演奏されるものや、民謡の伴奏として弾かれるものなど、いくつかの種類があります。

その中で、現在、津軽三味線と呼ばれるジャンルは、青森県の津軽地方で生まれたもので、歴史はそれほど古くありません。

その原型を作ったのは仁太坊《にたぼう》という人だと言われています。仁太坊は津軽地方の最下層の貧しい家に生まれ、幼い頃に病気で失明し、両親にも早く死に別れました。天涯孤独の身で、大道芸をやりながら生き抜いていったのです。

その中で三味線のオリジナルな奏法を編み出していったそうです。それは太《ふと》棹《ざお》三味線を独自のばちで激しく弾く、今では「叩き奏法」と呼ばれる弾き方でした。

「こんな三味線、聞いたことない」と有名になって、仁太坊に弟子入りしたり、マネをする人がどんどん増えて「津軽三味線」というジャンルができあがってきたのだということです。

ちなみに仁太坊のお弟子さんで「津軽三味線の神様」と呼ばれたのが白川軍八郎さん。そのお弟子さんが三橋美智也さんです。

弟子たちはそれぞれのオリジナルを編み出していったので、津軽三味線の中にもいくつかの系統がありますが、おおもとはストリートライブ。めちゃめちゃ邪道です。北国の厳しい寒さや荒れ狂う海に立ち向かっていくような音色に、僕は惹《ひ》かれたのだと思います。

できあがった『じょんからロック』は魂の叫びでした。

「あっぱれＪＡＰＡＮ、世の中パッと照らしたい」

ロックの曲調で思い切り歌いました。もともと「じょんから」というものがロックなんです。歌舞伎も日舞も、その心意気がロックです。

低迷する日本、元気のない日本を応援したいという気持ちも込めました。落ちこぼれからここまではいあがってきた、自分の底力を歌と三味線にぶつけました。

やってみやがれ、見てみやがれ！

そしてこの曲から、思い切ってビジュアルも変えてみました。それまでは舞台ではカツラをつけていました。化粧をして、羽二重をつけてカツラを被《かぶ》らないと、「高山賢人」から「花園直道」に変わることができなかったのです。

暗くて引っ込み思案な高山賢人にはできないことが、花園直道になればできる。化粧やカツラは、強いヒーローに変身する、変身ベルトのようなものだったのかもしれません。ですから舞台に地毛のままで出ることなど考えたことがありませんでした。

でも、変化を恐れていては前には進めない。やってみやがれ、見てみやがれ！　二〇代の、もっと素に近い自分の姿で勝負してやろう。

踏み出すには勇気がいったけれど、思い切ってカツラをはずしてみました。

あこがれの長山洋子さんとTV局楽屋にて

衣装も、それまでは紋付袴など和風でしたが、ロック風に変えてみました。

もうひとつ、この曲には思い出があります。僕が津軽三味線に惹かれたきっかけは、吉田兄弟の演奏をテレビで拝見したことでしたが、実は長山洋子さんも憧れでした。長山洋子さんが津軽三味線を手に「じょんから女節」を歌うのを拝見して、なんて素敵なんだ！　と思っていたのです。

いつか長山さんと共演できたら……と夢見ていたのですが、なんと『じょんからロック』で、この夢が叶いました。

長山さんが、僕のレコーディングに参加してくださったのです。ご自身の作品以外で津軽三味線を弾かれるのは初めてのことだったそうで、ＣＤには、「三味線演奏：長山洋子」とクレジットされています。感謝！

こうして金髪で歌った『じょんからロック』。するとおもしろいことに、客席の雰囲気が変わっていったのです。

まず、宝塚ファンや韓流ファンなどの中にも、僕のパフォーマンスに関心をもってくださる方が現れはじめました。若い方たちからも興味をもっていただけるようになりました。

もともと大衆演劇と差別化したオリジナルな表現をしたいと考えていた僕です。勇気を出してカツラをとったことが、その道筋へと大きくハンドルを切ってくれました。金髪に派手な衣装を身につけ、踊りながら歌も歌う。いまの直道スタイルへの転換をとげたのです。

こうして『じょんからロック』は、自分が覚悟を決めた一曲、本当の意味でプロの道に足を踏み入れた転機の曲となりました。

「花園直道」というパフォーマーを、どうプロデュースしていくのか。花園直道はこれからどんな道を歩き、何を表現していくのか。

ただ「楽しい」「学校に行けない自分にはこれしかない」とはじめた踊りが、僕にとって確実に人生を賭けたものへとなったのです。

MANO

第四章

未来へと真直ぐ歩む一本道

美しい形に心をこめるとは

「この道で、プロとして生きていく」

そう決心した僕でしたが、プロとアマチュアの違いとはいったい何でしょうか。まず、その芸でお金を稼げることがプロです。では、「お金を払っても見たい」と思っていただける芸とは、どんなものなのか。

どんなプロも一生それを問い続けていくのだと思いますが、いまの自分がどんなふうに芸と向き合っているか、少しお話ししたいと思います。

僕には芸名の「花園直道」と本名の「高山賢人」のほかに、もうひとつ名前があります。

坂東蔦之龍《ばんどうつたのりゅう》。日本舞踊の坂東流名取としての名前です。僕の踊りの流派は坂東流。故十世家元に直接ご指導いただいたことはありませんが、亡くなられる一カ月前に貴重なお言葉をいただきました。

「花園直道としても坂東蔦之龍としても先輩を敬い、この先日本舞踊界の発展に努力をするように」

とおっしゃっていただいた言葉を胸に稽古に励んでいます。

僕は日本舞踊の稽古では、女形ばかりに取り組んでいます。師匠の指導方法によって違いがあると思いますが、僕の場合は最初の四～五年は男踊り。その後はずっと女形で稽古をつけていただいています。

日舞は、柔らかさが重要です。そこが日舞の良さであり、それがあってこそ踊りに色気も出るのだと思っています。たとえ男でも、肩や手などに柔らかい表情が出せれば、さらにステキな踊りになる。だから、女形の稽古をするのです。

僕は背が高いことがコンプレックスだったので、人一倍形にこだわってきました。背が伸びだしてからは毎日、家で鏡を見ながら稽古をしました。

師匠は「痛いな、と思うときがいちばん良い形だ」とおっしゃいます。自分にとって苦しい体勢が、人から見ればきれいに見える、ということなのです。楽な姿勢、楽な体勢は美しく見えない。苦しいことが美しく見える。不思議だなぁと思います。

女形の踊りは、腰を落として小柄に見せます。身長が高い僕は、普通の男性より更に腰を落とさなければ小柄に見えません。人一倍痛くて苦しいのです。そうやって美しい形を研究してきましたが、それが難点と言われることもあります。先の章で書いたように、林与一さんとご一緒させていただいたときには「おもしろくねえ」と言われてしまいました。

バレエのレッスン場には鏡がありますが、日舞では鏡を見ながら稽古することはありません。日舞は演劇的要素がひときわ強いので、形ばかりに気を取られていてはだめなのだと思います。

形は基本。けれども形を気にするあまり、「その形をとる意味合い＝気持ち」がその形にこめられていなければ、ただの「形」になってしまいます。

アマチュアの方なら、まずは自分自身がお稽古を楽しめることが一番。おさらい会で発表するとき、師匠に教えていただいたとおりに間違いなく踊れれば素晴らしいと思います。

けれど、そこで満足していたらプロにはなれません。プロとして生きていくためには、見てくれるお客様にも喜んでいただかなくてはなりません。

踊りに気持ちをこめる。形が合っていてきれいなだけでは駄目。基本の形をきれいに踊った上で、何度も何度も稽古して完全に体に入れ込んで、その上で、そこに「何か」が生まれてこなければならないのでしょう。その「何か」を今も探し続けています。

ベテランの方でさえ、ご自分のことを「まだまだ稽古が足りない」とおっしゃる世界で、僕のような若輩者はどうすればいいんだと気が遠くなってきますが、これからの大きな課題です。

また、古典の日本舞踊の中でも、粋な踊りや三枚目の踊りなど、いろいろな役柄を踊ることができるように学んでいきたいと思っています。

客席から自分を見る目が欲しい

自分の舞台を、客席の前から三列目で、リアルタイムで見てみたいと思うことがあります。それができれば、ふだん悩んでいることも霧が晴れるように解決するかもしれないのに……。

というのも、ほかの方が踊る姿を拝見していると、生意気ながら「ここが素晴らしい」「ここがちょっと……」とわかるのに、自分のことになるとわからない。まだまだ僕がひよっこな証拠です。

演じている自分を客観的に見る目をもつことができるか。これは林与一さんに教えていただいたことですが、プロとアマチュアの大きな分かれ目だと思います。師匠に客観的に見ていただいて、「ここがダメだよ」「ここを直しなさい」と教えてもらえるのがアマチュア。

ところがプロの大御所の方たちは、自分がこの形をキメたら、この席からはこう見える、あの席からはこう見えると、録画した画像のように思い浮かべることができるというのです。

それを知ってから僕も舞台に立つとき、客席に座って自分を見ているもうひとりの自分をつくることを心がけるようになりました。今の自分が、三列目から見たらどう見えるのか、イメージしながら踊るのです。

そのために、花園直道単独の舞台のときは、どんな小さなホールでも必ず舞台のビデオを撮って、後から見直します。

自分のビデオを見るのは正直、大嫌いです。いつ見ても、ものすごく落ち込むのです。「ここが駄目」「あそこが駄目」と自分にダメ出しばかり。しかも、舞台にいるときと見ているときのテンションが違うので、なんだか恥ずかしくなってくるのです。

それにしてもなんと難しいことだろうかと思います。「形を美しく」とさんざん稽古をしてきて、今度は「踊りは形だけではない」と言われる。「気持ちをこめて」ということを心がけるようになってきたら、今度は「自分の踊る姿を冷静に客観視して」と言われる。

自分にはまだまだできないけれど、ただほんの少しだけ、先輩方がおっしゃることが理解できるようになってきました。そして、まだまだその先があることも見えてきました。

命を削りながら不安に耐える

これまで僕は、テレビに出演することや、大きな舞台に立つことを目標に活動してきました。有難いことにチャンスに恵まれ、それが実現する日々が続いています。

けれど、いざその機会をいただくと、重圧感をひしひしと感じます。テレビの向こうに何百万人の方がいらっしゃると思いはじめると、震えてくるのです。大げさに聞こえるかもしれませんが、いつも命を削りながら耐えている、というのが実感です。

そしていつでも葛藤だらけ。いまやっていることが正解なのか間違いなのかわからなくなることがあるし、不安が消えることもありません。

「お客さまを増やしたい」

「いつまでもライブをやっていきたい」

「次は全国ツアーだ」

そう願えば願うほど、不安はつきまといます。ひとつの目標が叶ったら、次はまた何か別の不安がやってくるのでしょう。

次のことよりもっと先の遠くを見て、目の前の不安を両腕で包みながら、挑戦しつづけるのが「プロになる」ということなのかもしれません。

あるとき、林与一さんがこうおっしゃいました。「一時間の演目があるとしたら、どこでフッと力を抜いて、どこで一気に見せるか、それができて芸」

僕などはまだまだ最初から最後まで精一杯の全力でやることしか考えられません。

「ああ、やっぱり林与一さんは次の次の、そのまた次のレベルのことをやられているんだな」と思いました。林与一さんのような大御所の方でも、まだまだ追い求めていらっしゃる。芸には終わりがないのです。

めまいがしてくるほど遠大な課題です。僕は、まだ端っこのほうでもがいているけれど、焦らず、少しずつでも芸を磨いていきたい。その世界を追い求めたいと思いはじめています。無我夢中で突き進んでいた段階から、次のステップに入っていかれるかもしれません。

パフォーマー花園直道の参謀・高山賢人

「じょんからロック」でカツラを脱ぎ捨てた頃から、「花園直道」と「高山賢人」は近づいてきました。けれどもまだ、本名で舞台に立ちたいとは思いません。

花園直道は着物を着て客席に突入していけます。度胸は花園直道の部分。サービス精神も花園直道。思ったことをズバズバ言える花園さんは、賢人の理想だったのかもしれません。

高山賢人には思い切ったことができません。人の中には入っていきたくない、自分の部屋でひとりで携帯をいじっているほうが好きなのです。舞台に出て集中すると賢人は消えていきますが、油断していると賢人が出てきます。

クラス替えが大嫌いだった賢人。中学校に通えなかった賢人。新しい環境に飛び込むのが大の苦手な賢人……。

けれどもこの世界で生きていくなら、「新しい環境に飛び込むのはこわい」なんて言っていられません。高山賢人はこわがりだけど冷静で、いつも先の先を見ている男です。考えすぎるほどよけいなことを考える男。そこが長所でもあります。

一〇年後には、花園直道はこうなっていなければならない。それなら今、これをやらなければ、と戦略を考えるのが賢人です。

花園直道がもっと大きく成長するために、高山賢人は毎年、花園直道に課題を作って立ち向かわせることにしています。自分で自分を追い込んでいくのです。追い込んで追い込んで、ギリギリ追い込むことで、全力でぶつかるパワーが生まれてくるから。

二〇一四年は「芝居で主役をやってみろ！」と計画を立てました。『ヤジキタ！』というコメディーに挑戦。セリフあり、ダンスあり、殺陣ありの舞踊劇です。三〇人以上の役者に囲まれ、僕にとっては大きな挑戦でしたが、大きな収穫も得ました。

新しい出会いがおもしろくなってきた！

そしてこのあと、銀座博品館劇場での『春風外伝』という舞台へのオファーをいただいたのです。編み物が得意という設定の徳川吉宗役でした。

この芝居のキャッチコピーは「空前絶後のごった煮感！　ジャンク歌舞伎」。演技をしつつ、日本舞踊を舞い、殺陣をやり、歌も歌い、ダンスも踊る。歌舞伎十八番の「外郎売」からとった早口言葉のような長セリフを、出演者二〇人くらいで声を合わせて約一〇分間、それも踊りながら……と、見せ場たっぷりの舞台でした。

お話をいただいたときは「僕にできるかな」という不安がいっぱい……。外部からいただく新しい仕事、新しい公演は、毎回クラス替えのようなものです。心配性の賢人は、仕事の仲間やスタッフに「どう思われているんだろう」「嫌われないかな」「うまくやっていけるかな」と、緊張感でいっぱいです。

何しろ「初めまして」で会った人たちと、一カ月も毎日一緒の空間で稽古していくのです。だけど、『ヤジキタ！』を経験したから「やろう」という勇気がもてました。ひとつ乗り越えれば、次のチャンスをつかめると実感しました。

そして終わってみれば、稽古も、本番もとても楽しかった。たくさんのことを勉強させていただきました。

役者の方、ダンサーの方、声優の方、そして僕のような舞踊家の方と、さまざまなジャンルから集まった方々が、それこそ〝ごった煮〟になった一体感は、それまで経験したことのないものでした。足はパンパンに腫れて、体もクタクタになったけれど、気分はたとえようもないほど壮快でした。

稽古のあと、出演者がいっしょに食事に行ったり、コミュニケーションをとる機会もたびたびありました。新しい環境に入っていくのが苦手な僕が、信じられないことに、ずっとワクワクしていました。朝起きると、早く稽古に行きたいと思ったくらいです。

そんな雰囲気を生み出すことができるベテランの方々はすごいと、ただただ感服させられました。若い方たちも、みなさん個性派ぞろいで刺激的でした。

新しい出会いは、おもしろい！　以前は出会いを避けていた僕が、なんという変わりようかと自分でもびっくりします。以前は気の進まない仕事から逃げているところもありましたが、少しは成長したのかもしれません。

ポジティブに考えられるようになってきた！

この挑戦は大きな財産になって、また次の仕事につながりました。二〇一五年、藤間流宗家の藤間勘十郎さんが構成・演出・振り付けをされる『奇譚～桜の森の満開の下』で踊らせていただくことになったのです。

坂口安吾の小説『桜の森の満開の下』を原作として、古典芸能の要素を取り入れながら日本文学の世界を描く斬新なエンターテインメント。舞踊家の市川ぼたんさん（市川海老蔵さんの妹さん）や、シンガーソングライターの中川晃教さんとも共演させていただきました。

日本舞踊の世界では究極のトップである藤間流の宗家や市川ぼたんさんの踊りを間近で拝見し、またひとつ、貴重な経験を積みました。

基礎を鍛えるための自主練はもちろん大事だけれど、本番の舞台に向けた稽古には実になることがとても多く、何物にも代えがたい学びの宝庫です。真剣勝負の現場で先輩方から精一杯吸収して、少しでも踊りに生かしていきたいと思うのです。

僕は「出会い」と「つながり」に本当に恵まれていると思います。これまで、ソウルシンガー、お笑い芸人、空手家……さまざまなジャンルの方との出会いに恵まれ、コラボレーションさせていただけたことは、とても幸せです。それも日舞を踊っているからこそだと、ありがたく思っています。

なにごとも、毎回毎回、一生懸命にやらせていただくことがすべてです。そして、次につなげていくのみ。

ひとつ、またひとつと新しい挑戦が目の前にやってくるとき、ときには弱気が、引っ込み思案の賢人が、顔を出します。

でも、川中美幸さんに「若いうちは、いただける仕事は全部やりなさい」と言われました。林与一さんに「三〇代までは恥をかいてもなんでもない。恥をかいたもん勝ちだ」と言われました。恥をかいた分、覚えられる。カッコをつけて知ったかぶりをしていたら成長はありません。

だから僕は「わかりません、教えてください」と、どんどん吸収していくことを心がけてきました。いくら成長しても、また次に乗り越えるべき壁が出てくるのだから、その繰り返し。でも、今大変なことはいつか何でもないことになっていくのだと思います。

「背が高い」コンプレックスも、最近ではポジティブに考えられるようになってきました。洋楽で踊るときなどは、背が高ければ動きを派手に、ダイナミックに見せることができますし、衣装も映えます。

「日舞を踊るなら小柄なほうがいい」という呪縛から解き放たれて、背の高さを逆手に取り、生かすことも考えはじめました。

ものごとを前向きにとらえるのが苦手だった自分が、なにごともポジティブに考えていこう、と、やっと思えるようになってきたのです。

直道スタイルを探して

「邪派新姿《ジャパニーズ》」という僕がつくったキャッチフレーズのもと、日本舞踊とさまざまなジャンルを融合させた、新しい「和のエンターテインメント」が僕の目指す方向であり、僕のテーマです。

古典を踊る方のなかには、こういうやり方を快く思われない方もいらっしゃるでしょう。ダンスを混ぜたり、リズムの取り方を変えたりしていますから、古典舞踊としては邪道です。でも、僕は僕なりの表現方法で、日本舞踊の魅力を伝えていきたいという思いなのです。

邪道と言われても、派手に、より新しく見せる姿を創造していきたい。津軽三味線も、もとをたどればストリートライブ。日本舞踊も、もとをたどればストリートダンスだと思います。今は正道になったものも、登場したときには邪道だったのではないでしょうか。

僕は「伝統」を大切にしながら、時代に応じた「形」を打ち出していきたいのです。

精神性……。最近、このことをまじめに考えます。

踊りの師匠と話していて、おもしろいな、と思ったことがあります。バレエなど西洋のダンスは、手の振りでもジャンプでも、上へ上へと開放に向かっていくように踊ります。ところが日本舞踊は重心を「下へ下へ」と向けるのです。

ここにも日本の精神性が秘められているのではないでしょうか。

日本の伝統芸能のなかには日本人が築いてきた「形」があり、それを、いまの時代に生きている自分が再現しようと努力しています。でも、形だけを再現するのではなく、伝統を受け継ごうとして真っ白な気持ちで再現するのは本当に難しいことです。

長い歴史のなかで脈々と受け継がれてきた「形」の奥にある精神性。それが何よりも大切なものだと思うし、もっとその見えない「何か」をつかみたいと思っています。

そうしながら、新しいオリジナルな形を打ち出したい。それを模索しているのが、いまの自分です。

いま、僕は日本舞踊になじみのない方たちにも見ていただきたくて、マイケル・ジャクソンやレディ・ガガなどの洋楽でも踊っています。けれどもそれはあくまで、日本舞踊に親しんでいただくため。本当に目指しているのは洋楽で踊ることではありません。僕はダンスミュージックより演歌で踊るほうが好きなのです。

必ず、日本人、僕でなければできない、すべてメイドインジャパンの舞台をつくりあげたいという思いがあります。

踊りを見ていただきたいから歌を歌う。

踊りを見ていただきたいから津軽三味線も弾く。

踊りを見ていただきたいから洋楽で踊る。

僕のやっていることは、すべて踊りに行き着きます。踊りを見ていただくためのきっかけになるものは、なんでも全力でやろうと決めています。

邪派新姿スタイル

2009年『百花繚乱』
（中野サンプラザ）

「プライド」

「We are the world」

2012年『百花繚乱』
（中野サンプラザ）

「邪波新姿《ジャパニーズ》」を旗印に「スーパー日舞」を確立する夢

「邪波新姿」は旗印ですが、最近僕の踊りは「スーパー日舞」と呼ばれています。

二〇一六年のツアーを「スーパー日舞・花園直道特別公演」と題して名古屋を皮切りに大阪・九州地区・東京と精力的に回っています。

日本のポップなダンス・ユニットを見ていると、ヒップホップ系・ジャズ系などがあり、そこからまた派生して、たくさんのジャンルが生まれています。自由で柔軟で、素晴らしい。そんな彼らを見ていて思うのは、みんなやっぱり日本人。そこにはどこか、アメリカやヨーロッパとは違う、リズムやテンポや形があります。だからきっと「スーパー日舞」はひとつのジャンルになると思うのです。

だけど僕は古典をしっかり習得して、日本舞踊から派生した踊りを作っていきたい、これがこだわりです。

たとえば西洋のバレエやダンスの基本的なリズムは「ワン・ツー・スリー・フォー」。また三拍子のワルツ等もありますが、いろいろなリズムに乗って踊ります。

ところが日本舞踊はリズムではなく、「間」で舞うのです。舞踊でも音楽でも、日本古来のものは「間」を極めることが大事だと言われています。つまり、日本の古典舞踊はカウントでは踊りません。

その古典舞踊を、日本古来の「間」を大事にしながらカウントで振りをつけビート感たっぷりに踊ってみたらどうだろうか。これが僕のやりたい「新」古典舞踊です。どうやって「間」を生かすのか。それはこれからの大きな課題のひとつです。

ダンスのリズムは日舞と合いません。そこを打ち破って、日舞のふりで踊ってみたい。ダンスのリズムで日舞の型をキメていく。日舞六割ダンス四割、そんな「スーパー日舞」を開発したいと夢見ています。

この夢を死ぬまであきらめない！

前の章でも書きましたが、二〇歳のころ、僕は「全員男」のユニットを組んで踊りたいという夢を描いていました。着物を着た男だけの集団が、EXILEさんのようにバシッとキメる！

これができたら、そうとうカッコいい世界を描けると思います。けれど、やりたい方、やれる方にまだ出会えていません。

古典の日本舞踊をしっかり学んだ方が集まればできると思うのですが、古典をやっていて、しかもビートに乗せたダンスを踊ってみたい方となると、これは、遠い星空に向かって手を伸ばしているように、探すのが難しいのです。

古典をしっかり踊る方は、僕のように洋楽で踊りたいとはなかなか思わないし、ダンスのうまい方にとっては、日舞はまったく別物だから難しい……。

それ以前に、いまの日本舞踊界には男性の舞踊家は圧倒的に少ないのが現実です。

だから、男だけでユニットを組んで、自分が思い描く日舞とダンスを融合したスーパー日舞を創造するのは夢のまた夢かもしれません。

でも、僕はまだ諦めていません。自分の踊りを通して日本舞踊に興味をもち、小学生の男の子がもっともっと日舞を習いはじめてくれたら。あと何年かかるかわからない話ですが、死ぬまで諦められずにこの夢を抱き続けていきたいのです。

そして、僕の踊りに合うオリジナル曲を増やしていきたい。Ｊポップでもない、歌謡曲でもない、それらと古典のエッセンスが融合したような「和」テイストの曲を。太鼓や三味線が入っていて、扇子や傘やお面、そんな小道具が似合う曲を。

そんなオリジナル楽曲を増やして、僕と華舞斗と、自分達たちにしかできない舞台をつくりあげて、全国ツアーをやりたい。

マイケル・ジャクソンのオリジナリティーは強烈でした。だれかがちょっと真似しただけで、すぐに「あ、マイケル！」とわかります。そんな自分の踊りのスタイルを見つけたいという大きな大きな目標をもっています。

それができたら、そここそが、自分の「居場所」になると思っています。

子供たちに日舞を広めるために

では、日本舞踊をもっと広めるにはどうしたらいいか。いつもそんなことを考えています。特に若い人に魅力を知ってもらいたいのです。

どういうところをアピールしていったらよりカッコいいか。どういう動きだったら、どういうしぐさだったら、若い人に受け入れてもらえるだろうか。着る物も従来の着物ではなく、新しくデザインしてもいいと思うのです。

僕が小学生の頃夢中になった、扇子をクルクル回す技も、きっと男の子は大好きだと思います。

オリジナルの扇子を作ったらどうだろう。ライトを仕込んで、回したらキラキラ光る扇ができないかなと考えています。骨もアクリルで透明にしたり、ファッションブランドとコラボでカッコよくデザインした、ハイパーヨーヨーならぬハイパー扇子。欲しいと思いませんか？

日常にも使えて、なおかつクルクルーっと回せたらカッコいいですよね。ヨーヨーもストリートパフォーマンスから流行りました。けん玉だって、もともと日本にあったものなのに、アメリカのストリートパフォーマーがやっていたのがカッコよくて、逆輸入のような形で日本でも流行りました。扇子もパフォーマンスの一環として見せていきたいと思っています。

小学校の必修科目にも加えてほしいけれど、「日本舞踊」というと古臭いイメージでいやになってしまうかもしれないので「スーパー日舞」。

校長先生と同じくらいの年齢のお師匠さんより、お母さんより若い年齢の僕達がダンスっぽく踊ったら、身近なイメージで興味を持ってもらえないでしょうか。

よさこいが全国に広がって、今では大きなイベントが開かれていますし、阿波踊りやねぷたも各地で行われています。実はみんな日本古来のものが好きだと思うのです。

「じょんからロック」を使って運動会の組体操をやってくれた小学校があります。子供たちに、少しでも日本のリズムや日本の音に親しんでもらえればいいなと思っています。

海外にスーパー日舞を広めたい

もうひとつの目標は、海外の方に日本舞踊の素晴らしさを知っていただくこと、海外にスーパー日舞を広めることです。踊りは言葉がなくても世界に通じるのです。海外で「スーパー日舞はクールだ!」と認められれば、日本でも「カッコいいもの」として流行るのではないかと思うのです。だから海外での公演にも積極的に取り組んでいます。

二〇一六年は一月からいいスタートが切れました。

タイのバンコクにて、来場者四〇万人、アジア最大のエキスポにAKB48さん達と共に参加させていただきました。

タイの若い方には、僕の踊りや津軽三味線が新鮮に見えたのか、ステージを重ねるごとに観客が増え、八回目のラストステージでは、最初とは比べものにならないほどの若者が僕のステージを盛り上げてくれました。

日本舞踊の魅力を少しでもお伝えできたのなら嬉しいです。そして大変光栄なことに来年もオファーをいただいています。

僕の今の夢は、リオデジャネイロ・オリンピックの開会式・閉会式で日本を印象づけたプロジェクションマッピング、さらにそれ以前に、市川染五郎さんが踊ったラスベガスのベラージオ噴水に鯉の姿を映し出したプロジェクションマッピングのように、最新技術を使った映像とのコラボレーションです。このようなコラボレーションは海外では特に受けるのではないかと思います。踊りだからこそ表現できる世界観にさらなるアイデアを投入して、いろいろな国で踊ってみたい。

ロスで発行されている日本の情報誌を開くと、「ラーメン」や「酒」といった文字が目に飛び込んできます。ラーメンも酒も日本から流行ったもの。でも僕は僕で、もっと日本の精神性を伝えることを考えていきたいのです。

バックパッカーで世界中を回られた、シンガーソングライターのナオト・インティライミさんのように、僕も、着物を見たことがない国の人たちと紋付袴姿でコミュニケーションしてみたい。たとえば、スペインのフラメンコが生まれた街に行って日舞を踊ったり。そんな夢も描いています。

そしていま一番の目標は、二〇二〇年。どんな形でもいいので、東京オリンピックという世界的大イベントに関わってみたい、という夢です。オリンピックの場でスーパー日舞を世界の人たちに披露したいのです。

演歌の大御所・伍代夏子さん、藤あや子さんの新春特別公演に

二〇一六年はうれしいことが続きました。

演歌の大御所、伍代夏子さん、藤あや子さんの新春特別公演で共演させていただいたのです。しかもあの憧れの明治座です。

お芝居あり、歌あり、お二人の魅力が満載の舞台に出演させていただいたことは僕にとっては信じられないことでした。何と、お二人とのデュエットまであったのです。

実は前日までプレッシャーで眠れなくて、当日も緊張して一部記憶が飛んでます（笑）。でも、多くの観客の皆さまにたくさんの拍手をいただいたことは、僕の自信にもなりました。

伍代夏子さんは昨年芸能活動三〇周年を迎えられ、この本と同じ出版社から記念書籍『人生めぐり愛』を出されています。

そんなご縁から、伍代さんには「本、いつ出るの?」と話しかけていただき、とても光栄で身の引き締まる思いがしました。

いよいよ、小さい頃からの念願であった自身の単独ツアーが決定し、現在行われているツアーも含め、神奈川、大阪、広島、福岡など全国七カ所を予定しています。

このツアーの実現には、日刊スポーツ新聞西日本さんがご尽力くださいました。

こうして、たくさんの方々の支えや応援をいただき、僕は一歩一歩夢を叶えています。

本当に幸せな道を歩かせていただいています。

今、新たなステップに向けて

今は漫画の『ワンピース』を歌舞伎で演じたり、いろいろな挑戦がある時代です。歌舞伎役者さんも、今はトレンディドラマやバラエティ番組にも出演されています。

古典ばかりでは一部の方以外には注目を浴びにくいので、違う角度からもわかってもらいたい。そんな気持ちで僕もいろいろな挑戦をつづけています。

また二〇一六年は韓国の『ドラムキャット』というドラムユニットとのコラボレーションが実現。名古屋でのド迫力のライブではお客様も大興奮でした。

韓国・台湾でもこのコラボのオファーがきています。

『ドラムキャット』との共演をきっかけにドラムをやってみようかと思っています。前年からはタップやフラメンコにも挑戦しはじめました。

とは言え、間口をいくら広げても花園直道の本筋は日本舞踊家であることを常に忘れてはならないと思っています。

新しいものを創造したいなら、正反対の重い古典に向き合わなければいけないと思うのです。本筋を忘れてふわふわと違う方向に行ってしまわないためにも、もっと古典を究め、熟した踊りを踊れるようになりたい。

そこで最近、新しい先生に巡り会えたので、僕の心の中には、一〇代の頃の熱気が戻ってきたような感じで、いま一生懸命お稽古をしています。また新たな出発地点に立てました。

洋楽で踊ったり、芝居の舞台に出たり、活動を広げた先で僕に注目してくれた人が、今度は僕の踊りの舞台を見にきてくれたら……。そのときに「はぁ～っ、日舞ってカッコいいな」と思ってもらえたら。

「花園直道が踊ってるのって、なんかいいよね」と思ってもらえる、そんな公演を打ちたいと燃えています。

いろいろなことをやらせていただいてきたからこそ、いま、あらためて踊りだけで舞台に立ちたいのです。いえ、「立たなければダメだ」と思うのです。

今一度、原点に戻って踊り一本勝負！

「花園直道、ここにあり」

と見せられるよう、さらに芸を磨いていきたい。

新しいアイデアも頭の中にたくさんあります。ひとりでがっちり踊りで見せる舞台をやってみたいのです。

広い舞台でなくていいけれど、たとえば三六〇度客席に囲まれた舞台のまん中で踊ってみたらどうだろう。たとえば「忠臣蔵」をたったひとりで演じてみたらどうだろう。

その願いを二〇一五年十一月に実現してみました。

人間国宝の竹本駒之助先生が唄う義太夫をパーカッションとチェロの生演奏に乗せ「仮名手本忠臣蔵」をたったひとりで十四役を演じ切り、花園直道の新しい世界を作りあげました。

花園直道はいま、次の新たなステップに進もうとしています。

たったひとつの道を真直ぐに歩いて行こう

二〇歳になるころ、たまたま小学校時代の友達に会って、

「賢人、お前、いま何やってるの？」

と聞かれたことがあります。そのとき、僕は情けないことに、「いや、ちょっと和物系の……」とあいまいにしか答えられませんでした。

それくらい自分に自信が持てなかった僕、自分のやっていることに自信が持てなかった僕が、「花園直道」になって八年。いまははっきりと、堂々と「日本舞踊のパフォーマンスをやっているんだ」と言えます。

そしてこれまでは「花園直道」が「高山賢人」を見下ろしている部分が大きかったけれど、ようやく「高山賢人」が「花園直道」と肩を並べられるようになってきたような気がします。

「花園直道」という道連れができて、「高山賢人」もようやく覚悟が決まって

『ザ・忠臣蔵 Revolution』
義太夫仮名手本十一段返し

切腹の場

天川屋義平

きた。どちらもまだまだ自信はないけれど、これからもいい関係でいきたいと思うのです。

僕が思う「カッコいい人」とは、「自分にしかできないものをしっかりもっている人」。反対に「カッコ悪い人」は「口ばっかりの人」。

ひとつ、決めたことをまっすぐに貫く。自分の選んだ道を一歩一歩前へ歩み、行動していく。それが僕の目指すところ。自分でつけた芸名「花園直道」の目指すところです。

またカッコつけになってしまうかもしれませんが、僕にとっていちばんのライバルはたったひとり。それは「昨日の自分」です。

昨日の自分を超えることを目指していれば、今日は昨日より進化するはず。そして、目標に近づいていけるはず。そう信じています。

幸せなことに、これまで僕は出会いに恵まれてきました。そして、これからもたくさんの方と出会えることを願っています。そのためにできることは、誠心誠意、大好きな踊りと向き合っていくことだけ。

だから、夢も、志も、不安も、葛藤も……すべてをこの胸に抱えながら、僕は、僕の道を行くしかありません。つまずいたら、そのたび、何度でも起き上がればいいいだけのこと。そう覚悟を決めています。

僕をずっと見守ってくれた母とお客様方

母は僕が小さい頃からいつも「一〇〇%あなたの味方だからね」と言ってくれました。僕が不登校になったときからいまに至るまで、世間体よりも、つねに「賢人は何をしたいのか」を第一に考えてくれました。

母と僕は正反対の性格だと思います。考えて考えて、よけいなことまで考えすぎる自分に対して、母は思ったことをあまり考えずにぽーんと口にしてしまう。

女手ひとつで僕を育ててくれた母、思ったことをはっきりと口に出す母は、人から見たら「強い女性」に見えるかもしれません。

母は、僕という息子がいるから「私ががんばらなきゃ」とがんばってきたと言います。母にも「あ〜、もう死にたい」と思うときもあったようです。そんなとき、僕の存在が歯止めになった。僕も「母を泣かせてはいけない」「母を悲しませてはいけない」とがんばってきた部分があります。

だから、たとえ「マザコン」と言われようと、今度は僕が母に何かをしてあげたい、と思うのです。


いま、僕は仕事でも母と同じ世界で生きています。母は社長でプロデューサーです。共通の話題があることが、いまはすごく楽しい。こんなことになるとは、母も想像していなかったでしょう。

共通の話題があって楽しい反面、仕事のパートナーでもあるので、意見が違えばケンカになります。

最近では今後の企画、仕事上のことで僕が自分の意見をバシッと言う場面が増えてきました。母は、僕の意見が間違っていないと思うと悔しそうです。

でも僕は僕で、母からのアドバイスが要所要所で的確なので、ちょっと悔しいときもあります。特に踊りの部分ではズバリと指摘されて、ときにはムカっとしてしまう。でも、実はそんな母を誰より信頼し、尊敬しています。

身内だからこそ突っ込んだことまで言える部分もあるし、身内だからこそ甘えてはいけない部分もある。これからもそんな二人三脚が続くでしょう。けれども、こうして同じ仕事をするようにならなければ、母のいろいろな思いに、いまも気づけなかったかもしれません。

舞台の袖で僕の早着替えの手伝いをしながら、ステージを見つめている母。もしかしたら自分は、母の喜ぶ姿が見たくて踊っているのかもしれない、と思うときもあります。

母は、いつもこう言っています。「いつか一番のファンとして、入場料を払ってゆっくり良い席で花園直道を見てみたい」と。そうなれるように僕も頑張っています。

母を楽しませたい。母を楽しませる舞台をつくりたい！　学校に行かなくても一〇〇%僕の味方で、僕を守ってくれた母。今度は僕が母を守る番だと決めています。

そして忘れてならないのが、僕の舞台を観に来てくださるお客様。三吉演芸場に出演していた時代からずっとおいでいただく方も何人かいらっしゃいます。そして少しずつ少しずつ増え、今では大勢の方々に応援していただけるようになりました。

僕の舞台には、老若男女、そして家族ぐるみの方々も多く、お客様は皆、とても暖かいのです。その中で僕は毎回の舞台を、真剣に努めます。

同じ演目でも舞台は生き物で、日によって形も違えば味も違ってきます。僕自身、毎回体調も違えば気持ちも違ってきます。それをどのように自分自身で調理して舞台というお皿に盛り付けるか、そんなことを考える。そして一歩舞台に足を踏み入れたときに、お客様の反応を体中に感じる、そこからが僕の命がけの挑戦であり最高に幸せな時間です。

お客様がいればこそ僕は頑張れます。

そして僕が頑張るからお客様も楽しんでくださる。このような素敵な関係がずっと続き、これからも僕の舞台を観に来ていただければ本当に幸福です。

学校だけがすべてじゃない

いつも思いますが、人間の縁というものはほんとうに不思議です。僕が登校できなかった中学校の校長先生、そして不登校支援の教室でいちばんお世話になった蜂須賀先生と、ひょんなことでご縁が復活しました。

それは僕が伍代夏子さんのコンサートで踊らせていただいたときのこと。なんと伍代さんは中学時代、蜂須賀先生の教え子だったそうで、蜂須賀先生は伍代さんのコンサートによくお出かけになっていたのです。

そしてその日、舞台の上の僕に気づいてくださいました。卒業してから五年も経っていて、化粧もしていたのに！　あの、孤独でうつむいた高山賢人ではなく、明るく一本の道を歩いていく花園直道になっていたのに……。

コンサートが終わって数日後、「高山くんの、舞台の上の姿を見て感無量でした」というお手紙をいただいて、僕は先生が見にいらしていたことを知りました。先生はいまでは僕のファンクラブにも入ってくださっています。

あの苦しい日々、こんな日がくるとは想像もできませんでした。きっかけは、おぼれた者がつかんだ藁のようなほんの小さなことだったのです。

学校に行かれない。そんな自分が「日舞のお稽古」という「明日行く場所」を見つけました。そこから、ひとつ、またひとつと明日を見つけて、いつの間にかここまで歩いてきたのです。

いまも、学校に行かれない子どもたちはたくさんいます。僕はあの頃、焦っていたから、きっと同じように焦っている子もたくさんいると思います。

僕のように「もう人生終わった」と真っ暗な中で絶望している子もいるので

はないでしょうか。それを思うと、そのときの自分と重なってほんとうにつらくなります。

でも、今考えると、一〇代なんて全然子ども。何度失敗しようと、まだまだ先があります。二〇代からでも三〇代からでも、いくらでもやり直しはきくと思います。

学校に行くことも、自分の道を歩いていくことのひとつです。学校の中でたくさんの素晴らしい出会いがあり、学校で学ぶことの中から自分のやりたいことを発見していけると思います。

けれど、学校だけが全てと思い込む必要もないと思うのです。学校に行かなくても、いくらでも学ぶことはできます。自分の居場所をつくることもできます。

いま学校に行かれない人は、きっとそのことに何か意味があるのだと思います。一時期、学校に行かれなくなっても、いろいろな人の力を借りて戻れたとき、何かを見つけるのかもしれません。

それとも、学校より他にもっと合っている世界があるのかもしれません。世の中にはいろいろな世界があるし、普通の道からはずれたって、ちゃんとこうやって生きている人間はいます。

僕はそういう体験をしてきたから、以前の自分と同じような状況にいる子どもたちにその経験を伝えて「希望はあるよ」と言いたい。「明日」という未来に向かう手助けが少しでもできればと思うのです。

大衆演劇に浸る時間は、僕にとっていやなことを忘れられる時間でした。だから演芸場に通っていました。同じような状況にいる人が、今度は僕の舞台で二時間だけでもいやなことを忘れてくれたらいいなと思っています。

今日を生きれば、きっと明日はある

先日、公演で金沢に行ったときのことです。公演が終わって、夜、ひとりでバーで飲んでいると、隣に僕より少し若いくらいの男性が、やはりひとりで飲んでいました。最初は静かだった彼と、ポツポツと会話を交わすようになりました。

「実は僕、さっきまでそこのホールで公演をしていたんです」

とチラシを渡すと、はーっと顔が変わって、

「実は僕はうつ病なんです」

と言うのです。

「えっ！　実は僕も中学校の頃、うつ病だったんですよ」

それから二時間、彼と話し込みました。偉そうに先輩ぶったこともいろいろ言ったかもしれません。でも最後に彼は、

「こんな楽しい時間は久しぶりでした」

と、笑顔になって帰っていきました。そんな彼を見ながら「昔の僕だな」と思いました。「楽しかった」と言ってもらえてうれしかった。

僕も苦しかったとき、「この人なら話を聞いてもらえる、わかってもらえる」と感じる人でないと、話す気がしませんでした。初めて会った店で、彼が心を

開いて話してくれたのは、自分も同じ経験をした、似た者同士だったからなのかもしれません。苦しいときって、同じような経験をした人といっしょにいると楽になると思うから。

あの人と話したいな。あの人にもう一回、会いたいな。次はいつ会えるかな。それだけで楽になったりするんです。次はいつ会おう。そう約束しただけで元気が出るんです。

次に会う約束、それは未来です。未来があると、人は元気になるんです。今、苦しい人にも、どんな小さなことでもいい、明日会いたい人を見つけて、次に会う約束を作ってほしい。明日行く場所を見つけてほしい。

よかったら僕の舞台にも一度来てください。そして少しでも心がうるおってくれたら、そして僕の舞台を「明日」の楽しみにしてくれたら、とてもうれしいのですが。

あなたにも必ず明るい未来が待っています。

僕の、生きる道

著　者　　花園直道
発行者　　真船美保子
発行所　　KK ロングセラーズ
東京都新宿区高田馬場 2-1-2　〒 169-0075
電話（03）3204-5161（代）　振替 00120-7-145737
http://www.kklong.co.jp

印　刷　　中央精版印刷（株）　　製　本　（株）難波製本
落丁・乱丁はお取り替えいたします。※定価と発行日はカバーに表示してあります。
ISBN978-4-8454-2394-1　　Printed In Japan 2016